FSC
www.fsc.org
MIX
Papier aus verantwortungsvollen Quellen
Paper from responsible sources
FSC® C105338

Wolfgang Schnepper

Fußballtrainer

Optimaler Weg zum perfekten Coach

Wolfgang Schnepper, Jahrgang 1964, Diplomsportlehrer,
Ex-Bezirksligaspieler im Fußball,
1988-89 in der deutschen Triathlonspitze,
1990 Bayerischer Meister im Body-Building,
1998 Konditionstrainer im bezahlten Fußball

Bibliografische Informationen der Deutschen Nationalbibliothek: Die Deutsche Nationalbibliothek verzeichnet diese Publikation in der Deutschen Nationalbibliografie; detaillierte bibliografische Daten sind im Internet über http://dnb.d-nb.de abrufbar.

Herstellung und Verlag: Books on Demand GmbH
Norderstedt
Satz und Layout: Wolfgang Schnepper

ISBN 978-3--7448--9628-3

Inhalt

Vorwort

In diesem Buch werden alle Schritte behandelt, die Sie gehen müssen, um ein erfolgreicher Trainer oder Trainerin zu werden. Wir beginnen mit grundlegenden Dingen wie Trainerschein oder welche Trainerausbildung für welche Ziele, Mannschaften und Ligen benötigt werden.
Danach geht es Schritt für Schritt weiter, bis der Trainer oder die Trainerin den optimalen Ausbildungsgrad erreicht hat.
Es wird ausführlich auf die Verhaltensweisen des Trainers oder der Trainerin eingegangen, die für das perfekte Führen einer Mannschaft erforderlich sind. Weiterhin werden die psychologischen Aspekte und ihre Förderung intensiv abgehandelt, die unabdingbar sind für eine harmonische und erfolgreiche Spielerentwicklung.
Der Trainer/in hat die Aufgabe starke Spieler mit einer starken Persönlichkeit zu fördern, welche besonders im Kindes- und Jugendalter von allerhöchster Bedeutung ist.
Fußballspieler brauchen nicht nur eine gute Kondition und Technik, sondern auch psychologische Faktoren müssen im Trainingsprozess integriert werden. Die Spieler müssen in der Lage sein (nach guter Förderung durch Trainer/in und Eltern), sich und ihr Handeln selbst zu regulieren, und trotz Widerständen und Schwierigkeiten ihre Handlungen und Leistungsfähigkeit aufrechterhalten zu können.Natürlich wird auf die hohe Verantwortung des Trainers in Bezug auf Fußballer im Kindes- und Jugendbereich eingegangen. Für die Schutzbefohlenen trägt der Trainer/in während der Trainingszeit usw. die volle Verantwortung. Was muss hier

beachtet werden.

Weiterhin bekommen Sie die besten Tipps, die für einen perfekten Trainer oder Trainerin extrem wichtig sind, um einen optimalen Erfolg, Trainings- und Spielbetrieb zu garantieren. Aber auch alle anderen wichtigen Themen werden genau erklärt wie Betreueraufgaben, Sanktionen im Kinderfußball, Aufbau der Trainingseinheiten im Kinderfußall, Sankionen im Jugend- und Seniorenbereich, wichtige Trainingsprinzipien, Verhaltensweisen gegenüber Seniorenmannschaften, Abseitsfalle, Konter, Pressing, Spielsysteme, Kabinenansprache und vieles mehr.

Trainerschein, ja oder nein

Die Herausforderungen an einen Fußballtrainer sind vielfältig, und keineswegs zu unterschätzen. Deutschland ist bei seiner Trainerausbildung wohl weltweit führend. Die Möglichkeit einen Trainerschein oder an verschiedenen Einstiegs- und Qualifizierungsmöglichkeiten mitzumachen, ermöglichen angehenden und bereits ausgebildeten Trainern zahlreiche Optionen der Aus- und Weiterbildung.
Aber wie genau läuft das mit dem Trainerschein? Welche Trainerlizenzen werden angeboten, welche Voraussetzungen sollten potentielle Anwärter mitbringen, und wie lange dauern die einzelnen Ausbildungen? Wann braucht man eigentlich keinen Trainerschein?
Alle Informationen darüber und über die einzelnen Trainerscheine inklusive Anforderungen werden jetzt im weiteren Verlauf genauestens beschrieben.

Warum sollte man überhaupt einen Trainerschein machen, und welche Privilegien haben lizensierte Trainer?

Die Trainerausbildung in Deutschland ist absolut vorbildlich und lohnenswert. Sie ist sehr anstrengend, vermittelt aber enormes Wissen, welches man während einer aktiven Spielerkarriere nicht mitbekommt. Angefangen von Didaktik, Kaderzusammenstellung, Trainingsplanung und taktischem Wissen bis hin zu Psychologie und Resilienz unterschiedlicher Altersgruppen. Ein Trainerschein verstärkt auch das Vertrauen in die eigenen Fähigkeiten. Diese Vorteile sind auch für die Spieler und dem Verein von großem Nutzen.

Das System der Lizenzverlängerungen sorgt außerdem für Anreize zur permanenten Weiterbildung.
Die Vereine bekommen auch finanzielle Vorteile. Sie können einen Antrag auf Förderung der Übungsarbeit stellen. Die Höhe des Zuschusses ist unter anderem von der Anzahl der Lizenzinhaber abhängig.

Welcher Trainer benötigt welchen Trainerschein?

Eine Trainerlizenz ist nicht unbedingt nötig, wenn man als Coach in den unteren Spielklassen Kinder-, Jugend- oder Seniorenmannschaften trainieren möchte. Aber auch hier ist eine Weiterbildung und der dementsprechende Erwerb einer Lizenz immer von einem großen Vorteil.

Wer jedoch höherklassige Mannschaften trainieren möchte, sollte auf jeden Fall eine Lizenz anstreben. Nun muss man abwägen, ob man sich ausschließlich im Breitenfußball "austoben" möchte oder auch daran denkt, Leistungsfußball zu trainieren. Jetzt gleich werden die einzelnen Lizenzstufen ausführlich erklärt. Hierbei wird auch auf die Einsatz- und Tätigkeitsbereiche eingegangen, die mit der jeweiligen Lizenz verknüpft sind.

Trainerschein, ja oder nein

Welche Trainerscheine kann man machen?

Bei der Ausbildung zum Trainer differenziert der DFB zwischen Ausbildungen im Breitenfußball und im Leistungsfußball. Diese Ausbildungen sind voneinander unabhängig. Die Inhalte aller Ausbildungen werden in Lerneinheiten angegeben, eine Lerneinheit geht über 45 Minuten.
Zur Ausbildung im Breitenfußball zählt man die Lizenzvorstufen und die Trainer C-Lizenz (1. Lizenzstufe). Die Lizenzvorstufen sind nicht unbedingt Voraussetzung für die C-Lizenz.

Lizenzvorstufen (Teamleiter)

Zu den Lizenzvorstufen werden Teilnehmer ab dem 15. Lebensjahr zugelassen. Die Ausbildung der Lizenzvorstufen erfolgt in den jeweiligen Landesverbänden. Sie umfasst insgesamt 70 Lerneinheiten mit einer abschließenden Prüfung. Von den Lerneinheiten betreffen 30 Basiswissen und 40 sind profilspezifisch.
Hierbei gibt es seit dem 1. Januar 2015 den DFB Junior Coach auf der Ebene des Basiswissens und gibt es sechs Teamleiter-Profile:
Kinder, Jugend, Erwachsene, Freizeit- und Gesundheitssport und Torhüter.

Die Ausbildungsziele der Lizenzvorstufen sind die Personalentwicklung und die Unterstützung und Förderung von ehrenamtlicher Mitarbeit von Jugendlichen und Erwachsenen.

Trainerschein, ja oder nein

Die Lizenzvorstufen wurden entwickelt für Trainer von Bambini bis A-Junioren-Mannschaften und Seniorenmannschaften im unteren Amateurbereich (Kreisliga) inklusive Altherren-Mannschaften über 35 Jahren.

Die Trainer C-Lizenz

Für die Trainer C-Lizenz benötigt man schon einiges an Dokumenten und Voraussetzungen. Hierzu gehören ein tabellarischer Lebenslauf, der auch den sportlichen Werdegang dokumentiert, der Nachweis über die Mitgliedschaft in einem Verein, der einem Mitgliederverband des DFB angehört, ein ärztliches Tauglichkeits-Zeugnis (nicht älter als drei Monate), ein erweitertes Führungszeugnis im Original (auch höchstens drei Monate alt) und einer Erklärung, in der sich der Bewerber der Ausbildungsordnung und den Ordnungen und Satzungen des Deutschen Fußball Bundes und des zuständigen Landesverbandes anpasst.
Auch ist die Vollendung des 16. Lebensjahres Pflicht, und eine Teilnahme an einer 9-stündigen Erste-Hilfe-Grundausbildung

Ausbildung zum Trainer mit C-Lizenz absolviert man meistens bei den Landesverbänden direkt und dauert ca. 12-15 Tage. Hierbei handelt es sich um 120 Lerneinheiten inklusive Prüfung, dazu zählen 30 Lerneinheiten Basiswissen und 2×40 Lerneinheiten mit profilspezifischen Lerninhalten.

Trainerschein, ja oder nein

Auch hier stehen 6 Profile zur Auswahl:

Kinder und Jugend

Kinder und Erwachsene (unterer Amateurbereich)

Jugend und Erwachsene (unterer Amateurbereich)

Jugend und Torhüter

Torhüter und Erwachsene (unterer Amateurbereich)

Freizeit- und Gesundheitssport

Die Trainer C-Lizenz erlaubt das Training aller Mannschaften auf Kreisebene.

Die Trainer C-Lizenz kostet neben der Lehrgangsgebühr (inkl. Prüfungsgebühr) plus Ausgaben für Kost & Logis, Reisekosten usw. etwa 300 Euro.

Trainerschein, ja oder nein

Der Torwarttrainer

Für die Torwartrainer-Ausbildung müssen folgende Dokumente eingereicht werden:

Tabellarischer Lebenslauf inkl. sportlichem Werdegang

Nachweis über aktive Spielzeit in einem Nationalverband der FIFA

Ärztliches Tauglichkeitszeugnis (Original, höchstens drei Monate alt)

Erweitertes Führungszeugnis (Original, höchstens drei Monate alt)

Weiterhin benötigt der Bewerber entweder eine gültige B-Lizenz oder eine gültige C-Lizenz mit dem Profil Torwart oder dem Basislehrgang Torwarttrainer. Auch eine aktive Trainertätigkeit muss nachgewiesen werden.

Die Ausbildung zum Torwarttrainer umfasst insgesamt 40 Lerneinheiten und dauert etwa 6 bis 7 Tage.

Der Torwarttrainer-Leistungskurs erlaubt das Training in Junioren- und Amateurmannschaften, den DFB-Stützpunkten und Leistungszentren und zum Honorartrainer in den Landesverbänden.
Für die Ausbildung muss man etwa 600 Euro investieren.

Trainerschein, ja oder nein

Trainer B-Lizenz

Die Trainer B-Lizenz bezieht sich bereits auf den Leistungsfußball.
Für die B-Lizenz gelten neben den jeweiligen lizenzspezifischen Voraussetzungen auch allgemeine Voraussetzungen für die Bewerbung bzw. Zulassung zur Ausbildung:
Der tabellarische Lebenslauf inkl. Dokumentation des sportlichen Werdegangs, der Nachweis über die Mitgliedschaft in einem Verein (DFB), sowie der Nachweis, dass der Bewerber oder die Bewerberin in einem Verein Fußball gespielt hat, der zu einem der FIFA angehörigen Nationalverband gehört, ein ärztliches Tauglichkeits-Zeugnis und ein erweitertes Führungszeugnis (beide Dokumente im Original und nicht älter als 3 Monate) und eine Erklärung, in welcher sich der Bewerber oder die Bewerberin der gültigen Ausbildungsordnung und den Ordnungen und Satzungen des Deutschen Fußball Bundes und des zuständigen Landesverbandes anpasst.
Auch ist die Vollendung des 16. Lebensjahres Pflicht, sowie eine Teilnahme an einer 9-stündigen Erste-Hilfe-Grundausbildung. Auch besteht eine bundeseinheitlich verpflichtende Eignungsprüfung, die erfolgreich absolviert werden muss.
Die Ausbildung zum Trainer mit B-Lizenz erfolgt bei den Landesverbänden direkt und dauert etwa 15 Tage. Sie besteht aus 120 Lerneinheiten, zuzüglich 20 Lerneinheiten für die Prüfung.

Trainerschein, ja oder nein

80 Lerneinheiten entfallen auf Basiswissen, 40 Lerneinheiten auf die Profilbildung.

Das Basiswissen vermittelt in Theorie und Praxis Wissen zu den Themen:

Technik-, Taktik- und Konditionstraining

Planung des Trainings

Aufgaben des Trainers

Juniorentraining

Mit der Trainer B-Lizenz kann man schon einiges trainieren. Sie berechtigt zum Training aller Junioren- und Juniorinnen-Teams unterhalb der Bundesliga, aller Frauen-Mannschaften unterhalb der 2. Bundesliga und aller Amateur-Mannschaften einschließlich der 5. Spielklasse.

Für die Ausbildung Trainer B-Lizenz kann man etwa 650 Euro veranschlagen, plus Ausgaben für Verpflegung und Reisekosten.

Trainerschein, ja oder nein

DFB-Elite-Jugend-Lizenz

Neben den allgemeinen Voraussetzungen, wie sie auch für die B-Lizenz gültig sind, gelten für die DFB-Elite-Jugend-Lizenz auch noch folgende spezielle Voraussetzungen:

Eine gültige Trainer-B-Lizenz

Mindestens 10 Punkte in der B-Lizenz-Gesamtnote (bzw. 9 Punkte, wenn B-Lizenz vor 2013 absolviert wurde)

Aktive Mitarbeit in einem DFB-Stützpunkt (mind. 20 Trainingseinheiten bzw. 10 Trainingsabende)

Wenigstens 1 Jahr Tätigkeit als Trainer mit B-Lizenz

Die Ausbildung erfolgt durch den DFB in unterschiedlichen Sportschulen, sie geht über 2 mal 1Woche Lehrgang plus 3 Tage für die Prüfung. Sie umfasst insgesamt 160 LE, davon gehen 80 LE auf die Ausbildung, jeweils 20 LE auf Hausarbeit und Prüfung und 40 LE auf Hospitationen.
Ausbildungsziel besteht darin, den Teilnehmern das Steuern technisch-taktischer Lernprozesse, die Betreuung von Junioren auch außerhalb des Fußballs und vertiefende Kenntnisse über leistungsorientiertes Juniorentraining mitzugeben.
Die Schwerpunkte der Ausbildung sind Technik- und Taktiktraining, Wissen über Talentförderung im DFB, Wettspiele im Juniorenbereich und Junioren-Konditionstraining.

Trainerschein, ja oder nein

Die DFB-Elite-Jugend-Lizenz gibt die Berechtigung zum Training aller Junioren-Mannschaften, mit Ausnahme der A- und B-Junioren Bundesliga, aller Juniorinnen-Mannschaften und aller Frauen-Mannschaften unterhalb der 2. Frauen-Bundesliga.
Weiterhin ist sie die Voraussetzung für eine Tätigkeit als DFB-Stützpunkttrainer, Mitarbeiter in einem Nachwuchs-Leistungszentrum oder an einer DFB-Eliteschule.
Die Kosten der DFB-Elite-Jugend-Lizenz sind relativ hoch. Die Lehrgangsgebühren liegen bei 650 Euro inkl. Prüfungsgebühr, insgesamt sollte man aber mit etwa 1300 Euro (Unterbrungung und Verpflegung) rechnen. Dazu kommen noch die Reisekosten.

Trainerschein, ja oder nein

Trainer A-Lizenz

Für die Bewerbung zur Trainer A-Lizenz müssen folgende Bedingungen erfüllt sein:

Eine gültige DFB-Elite-Jugend-Lizenz, absolviert mit einer Gesamtnote von mindestens 9 Punkten

Mindestens 1 Jahr Tätigkeit als Trainer mit DFB-Elite-Jugend-Lizenz

Ärztliches Tauglichkeitszeugnis und ein
erweitertes Führungszeugnis (beide Dokumente im Original und nicht älter als drei Monate)

Aktueller tabellarischer Lebenslauf

Die Ausbildung erfolgt natürlich durch den DFB, die Dauer beträgt 3 mal 1 Woche inklusive Prüfung. Sie umfasst insgesamt 120 Lerneinheiten inklusive Prüfung.
Dazu kommt vor der Ausbildung eine A-Lizenz Eignungsprüfung, welche Inhalte aus der DFB-Elite-Jugend-Lizenzausbildung wiederholt.
Die A-Lizenz Ausbildung hat den Zweckl, die Teilnehmer auf die Traineraufgaben im höheren Amateurbereich und der Regionalliga vorzubereiten. Als zusätzliches Ziel gilt die eigenständige Erarbeitung von mannschaftstaktischen Konzepten sowie die Herausbildung von Kompetenzen für die vielfältigen Aufgabenfelder im Leistungsfußball.

Trainerschein, ja oder nein

Inhaltlich beschäftigt sich die Trainer A-Lizenz unter anderem mit Taktik- und Konditionstraining im Leistungsfußball, Mannschaftstaktik, Coaching rund ums Spiel und Fachwissen wie Regeneration oder Ernährung.

Die Trainer A-Lizenz berechtigt zum Training aller Männermannschaften unterhalb der 3. Spielklasse und aller Frauen- und Juniorenmannschaften.

Die Kosten für die A-Lizenz Eignungsprüfung beträgt etwa 153 Euro, die Kosten für die Ausbildung an der Sportschule Hennef bei 1642 Euro (Lehrgangs- und Prüfungsgebühr, Unterkunft, Verpflegung).

Trainerschein, ja oder nein

Fußball-Lehrer

Die Königsdisziplin in der Trainer-Ausbildung, die letzte Stufe, die Ausbildung zum Fußball-Lehrer, berechtigt zum Training aller Mannschaften.

Voraussetzungen einer Bewerbung:

Neben dem aktuellen Bewerbungsformular einem Vordruck mit Angaben zur spielerischen und trainerischen Laufbahn gehören ein tabellarischer Lebenslauf, das Schulzeugnis (mindestens Mittlere Reife), ein ärztliches Gesundheitszeugnis und ein polizeiliches Führungszeugnis, drei Passbilder und ein gültiger Trainer A-Lizenz-Ausweis des DFB zur Bewerbung. Der Bewerber muss mindestens ein Jahr als A-Lizenz Trainer aktive Trainertätigkeit tätig gewesen sein oder einer Juniorenmannschaft (A- oder B) in den Bundesligen, einer Frauen-Bundesliga-Mannschaft (1. oder 2.) oder ein Jahr als leitender Koordinator eines DFB-Stützpunktes (in Vollzeit).

Bewerbungsschluss ist etwa der 15.01. eines jeden Jahres.

Nach Abgabe der vollständigen Bewerbung muss noch die erfolgreiche Teilnahme an der Eignungsprüfung absolviert werden, bevor einem ein Platz im Fußball-Lehrer-Lehrgang zugeteilt wird. Diese besteht aus einer Praxis-Lehrprobe, eine mündliche Prüfung und einem schriftlichen Test.
Pro Lehrgang werden nur 24 Teilnehmer angenommen.

Trainerschein, ja oder nein

Die Ausbildung erfolgt durch die Zusammenarbeit des DFB und der Deutschen Sporthochschule Köln. Sie dauert insgesamt 44 Wochen (10 Monate). Dabei werden sowohl Unterrichtsblöcke in der Hennes-Weisweiler-Akademie in Hennef und Praxisphasen, welche in Vereinen der Bundesliga und den Landesverbänden stattfinden, durchgeführt. In der Unterrichtswoche gibt es etwa 40 Unterrichtsstunden. Themengebiete der Ausbildung sind überwiegend Fußball-Lehre, Trainingswissenschaft, Psychologie und weitere wichtige Spezialgebiete.
Absolventen des Fußball-Lehrer-Lehrgangs zielen auf hauptamtliche Stellen als Profimannschaft-Trainer der Lizenzligen, Verbandssportlehrer und Führungskräfte in Nachwuchsleistungszentren ab.
Die Lehrgangsgebühren liegen bei etwa 9000 €, dazu kommen weitere Kosten für Verpflegung und Reise
Aber es darf niemals vergessen werden, dass alle Lizenzen nach Erhalt nur für drei Jahre gültig sind. Bereits in dieser Zeit muss man sich um die Verlängerung kümmern.
Um die jeweilige Lizenz zu verlängern, muss fristgerecht ein Antrag auf Verlängerung gestellt werden. Fristgerecht heißt im letzten halben Jahr der Gültigkeitsdauer. Weiterhin muss bereits während der drei Jahren an Fortbildungsveranstaltungen im Umfang von 20 Lerneinheiten teilgenommen werden. Erst dann kann der Antrag erfolgreich gestellt werden. Die Lizenz wird wiederum nur um drei Jahre verlängert. Die Lehrgangsgebühren für die Verlängerungen der Lizenzen liegen bei 150 €, plus Kosten für Unterkunft und Verpflegung und 40 € Bearbeitungsgebühr.

Die wichtigsten Tipps

Die wichtigsten Tipps für den perfekten Coach

Nachdem wir die Frage geklärt haben, welchen Trainerschein der jeweilige Coach braucht oder wer notfalls auch ohne Trainerschein arbeiten kann, kommen wir nun zum wichtigsten Teil, den ein Trainer oder Trainerin unbedingt einhalten muss. Nur so kann man ein perfekter, beliebter und erfolgreicher Coach werden.
Die Tipps und Ratschläge, die nun folgen, nehmen an Wichtigkeit zu. Banale, meist selbstverständliche Dinge werden zuerst beschrieben, danach folgen immer mehr komplexere Sachverhalte, die ein guter Coach beachten sollte.
Dieses Kapitel hier sollten Sie mehrmals lesen, damit auch kein "Punkt" vergessen wird.

Einfache, aber wichtige Regeln

° Die Manschaft, der Verein und der Vorstand wird nach "Außen" immer positiv dargestellt, alles andere bringt nur unnötige Unruhe. Besonders für die Spieler bleibt der Vorstand unantastbar. Der Ansprechpartner für die Spieler sind ausschließlich der Trainerstab und die Betreuer. Alle Probleme, die der Trainerstab mit dem Vorstand hat oder bespricht, werden vollkommen diskret behandelt.

° Der Trainer/in muss seinem Co-Trainer und Betreuern höchsten Respekt zukommen lassen, denn ohne diese geht gar nichts. Allerdings muss der Coach auch immer zeigen, dass er der Chef ist, und die Verantwortung für die Spieler und Spielergebnisse zu tragen hat.

Die wichtigsten Tipps

° Der Trainer oder die Trainerin stellt sich nicht in den Vordergrund, hält keine langen Reden, sondern gibt präzise Anweisungen. Diese sollten aber auf keinen Fall „militärisch“ oder „diktatorisch“ klingen.
Fehler müssen offen eingestanden werden, sonst geht mit der Zeit ein Teil des Respekts verloren. Sollten Sie einen Spieler benachteiligt, beleidigt oder bloßgestellt haben, entschuldigen Sie sich dafür. Der betreffende Spieler wird danach noch mehr Respekt vor ihnen haben.

° Ordentliche Erscheinung: der Trainer oder die Trainerin repräsentiert seinen Verein, seine Mannschaft, seine Familie. Gepflegte Kleidung und Körperpflege sollten selbstverständlich sein.

° Sind Sie Raucher, rauchen Sie bitte nur zu Hause, wenn es wirklich sein muss. Hier besteht absolute Vorbildfunktion. Weiterhin verlieren Sie an Respekt, wenn Sie vor Zuschauern, Mannschaft und Vorstand rauchen. Ich persönlich habe einmal als Jugendspieler erlebt, wie ein Trainer der gegnerischen Mannschaft am Spielfeldrand rauchte und nach dem Spiel ein Bier mit einem „Kurzen“ trank. In meinem jugendlichen Alter wirkte dies wie ein kleiner Schock.

°Jedes Training bedarf einer guten Vorbereitung. Ein Rahmentrainingsplan für die ganze Saison sollte vorliegen wie Saisonvorbereitung, technische und taktische Periodisierung. Arbeiten Sie oft mit Stationentraining. Hier können Stärken einzelner Spieler perfektioniert werden (z.B. Eckstöße und Freistöße), Schwächen anderer beseitigt werden (wie konditionelle Probleme oder technische Schwächen bei der Ballannahme).

° Der Trainer bleibt innerlich relativ ruhig bei „schlechtem“ Spiel, zeigt aber Freude bei positiven Ereignissen. Fluchen sollte unterbunden werden. Einzelne Spieler werden nicht angeschrien. Baut ein Spieler „Bockmist“ oder wird „getunnelt“, nimmt der Trainer unmittelbar danach besser keinen Augenkontakt mit dem Spieler auf. Der Spieler fühlt sich dadurch noch mehr gedemütigt (Studie aus dem psychologischen Fachbereich).

° Siege werden immer der Mannschaft zugeschrieben, Verantwortung für Niederlagen vom Trainer/in übernommen. Außer die gegnerische Mannschaft war von der Spielanlage weit überlegen, hier lag es dann einfach am Gegner.

° Der Trainer oder die Trainerin schenkt der Mannschaft sein ganzes Vertrauen. Nur so kann Erfolg erzielt werden.

° Leidenschaft für den Fußball, den Verein und die Mannschaft muss vorhanden sein. Wer sein Training monoton und gelangweilt „runterspult“ (und dafür auch noch Geld bekommt), hat seinen Job verfehlt, die Mannschaft wird nicht erfolgreich sein.

° Mit der Zeit sollte man seine Spieler kennen wie spielerische Fähigkeiten und Charakterzüge.

Die wichtigsten Tipps

° Die Trainerin oder der Trainer betont immer wieder, dass alle Beteiligten an einem Fußballspiel höchsten Respekt vor den Schiedsrichtern haben müssen. Alle Beteiligten beinhaltet Spieler, Trainer, Betreuer, Zuschauer usw.
Die Schiedsrichter sind unantastbar, und auch Fehlentscheidungen müssen akzeptiert werden. Beleidigungen oder sogar Tätlichkeiten gegenüber den Schiedsrichtern ist vollkommen inakzeptabel.
Die Referees werden es Ihnen als Trainer/in danken, wenn Sie mit ihrer Mannschaft absolut diszipliniert sind, und schnell werden Sie in den Schiedsrichterkreisen als faire Mannschaft bekannt.
Glauben Sie mir aus Erfahrung, das bringt manchmal erhebliche Vorteile. Aus verständlichen Gründen, gehe ich darauf nicht näher ein. Jeder soll sich seinen Teil denken.
Ein Trainer sollte niemals die Schuld für Niederlagen bei den Schiedsrichtern suchen und dies auch noch den Spielern vermitteln.
Im schlimmsten Fall wird der Referee noch während des Spiels vom Coach verbal und aggressiv angegangen. Dies überträgt sich negativ auf die eigene Mannschaft und die unnötige Kritik gegen den Schiedsrichter kann zu einem Bumerang werden. Der Referee pfeift vielleicht unbewusst oder emotional gegen die betreffende Mannschaft. Dies ist wohl häufig in unteren Spielklassen der Fall. Überlegen Sie mal, hier sind Schiedsrichter häufig unsicher und haben wenig Erfahrung, versetzen Sie sich in deren Position. Also, der Schiedsrichter sollte unantastbar bleiben.
Der Trainer hat hat eine Vorbildfunktion für die Spieler und sogar für die Zuschauer. Wenn der Coach die Schiedsrichter

negativ kritisiert, färbt das auf Spieler und Zuschauer ab. Schnell beginnen diese auch mit verbalen Angriffen gegen den Referee, die Situation schaukelt sich hoch. Im Extremfall kommt es zu Tätlichkeiten unter den Spielern, Zuschauern oder sogar gegen den Schiedsrichter. Spielabbruch ist die Folge.

Hat der Schiedsrichter gepfiffen und eine Entscheidung gefällt, bleibt der Trainer oder die Trainerin immer ganz ruhig und die eigene Mannschaft auch. Dieses Verhalten spricht sich rum, und wird der Grund für den einen oder anderen Punkt mehr am Saisonende sein.

Aber gehen wir noch einen Schritt weiter, loben Sie den Referee für gute Leistungen und Entscheidungen. Wie jeder Mensch freut sich auch dieser über Lob und Anerkennung. Dies ist aber nur ein Teil vom Fairplay. Spieler, Trainer und Zuschauer sind nicht nur fair zum Schiedsrichter.

Ein guter Trainer sorgt auch dafür, dass seine Spieler immer fair gegenüber der gegnerischen Mannschaft sind. Das Motto lautet, wir wollen keine Karten bekommen, nicht foulen, nicht auf Zeit spielen, nicht meckern usw.

Auch dieses spricht sich mit der Zeit bei Schiedsrichtern, Vereinen und Zuschauern herum. Trainer und Mannschaft sind überall gerne gesehen, auch in der Leistung macht sich das langfristig bemerkbar. Schnell werden andere Vereine auf diesen besonnenen Trainer oder Trainerin aufmerksam und ein höher spielender Verein "klingelt" an der Tür.

Jetzt wird Ihnen bewusst, dass der Trainer die Schlüsselfigur zwischen Erfolg und Misserfolg ist. Eine notwendige Spielerqualität ist natürlich immer die Basis.

Die wichtigsten Tipps

° Doch kommen wir zu einem weiteren "Geheimtipp". Die meisten Trainer und Trainerinnen sind überwiegend auf das Spielergebnis fixiert. Auch im Alltag konzentrieren sich viele Menschen nur auf das Ergebnis einer Handlung, Prüfung, Situation usw. Dann wundern sich viele Menschen, warum langfristiger Erfolg ausbleibt. Nehmen wir zunächst ein Beispiel aus dem Alltag. Ein junger Mann hat die Führerscheinprüfung. Der Fahrlehrer hat ihn nach nur 20 Fahrstunden angemeldet, noch nie hatte er so einen guten Fahrer. Er wird wohl mit Sicherheit die Prüfung bestehen. Doch der Prüfer mag diesen jungen Mann nicht, und sucht nur einen Grund, damit er diesen durchfallen lassen kann. Es kommt, wie es kommen muss, der junge Mann besteht die Prüfung nicht. Und jetzt kommen wir zu den Menschen, die nur ergebnisorientiert sind: "Ach, der kann doch nicht fahren, hab vorher schon gewusst, dass der durchfällt."
Im schlechtesten Fall schimpft der Vater noch mit dem Prüfling:"Kannst du eigentlich gar nichts."
So schnell kann man das Selbstvertrauen eines Menschen zerstören. Sie sehen nur das Ergebnis, und nicht das Können eines Menschen. Das Gleiche ist es bei "Reich und Arm". Viele Menschen sehen nur das Materielle bei anderen Leuten, aber nicht wie sie dahin gekommen sind.
Doch kommen wir zum Fußball zurück. Ist ein Trainer oder eine Trainerin nur ergebnisorientiert, stellt sich vielleicht kurzfristig Erfolg ein, aber auf lange Sicht wird dieser vergehen. Eine Mannschaft, die 1:0, 2:1 oder 3:2 verliert, obwohl sie viel besser war und viel mehr Chancen hatte, verdient trotzdem höchsten Lob. Wenn eine Mannschaft viele Aluminiumtreffer hatte, aber der Ball einfach nicht reingeht, dann ist das

einfach Pech. Loben Sie die Mannschaft bei guten Spielen unabhängig vom Ergebnis. Nehmen Sie die Verantwortung bei Niederlagen, trotz guter Spiele, auf sich.
"Ach, war mein Fehler, wir müssen im Training mehr an Angriffen und Chancenverwertung arbeiten."
So wird eine Mannschaft moralisch aufgebaut.
Wenn Trainer ergebnisorientiert sind, vernachlässigen sie auch oft die Ersatzspieler, und stellen immer die besten Spieler auf. Auch hier stellt sich vielleicht kurzfristig Erfolg ein. Aber irgendwann braucht man die Ersatzspieler, nur diese sind dann nicht mehr motiviert, haben keine Spielpraxis oder schon den Verein verlassen.
Setzen Sie jeden Spieler so oft wie möglich ein. Ist ein Spiel entschieden, lassen Sie die Reservespieler rein, bei Freundschaftsspielen absolvieren diese ganze Spiele.
Und dann noch ein ganz wichtiger Aspekt, arbeiten Sie an den Schwächen der Ergänzungsspieler mittels Stationentraining. Ist ein Spieler konditionell nicht so gut, trainiert dieser überwiegend an Stationen mit Laufarbeit; fehlt die Passgenauigkeit, werden diese Stationen für den Spieler im Training intensiviert; ist ein Spieler nicht schnell genug, bekommt er ein intensives Sprinter ABC, Sprint- und Sprungkrafttraining usw.
Die Ersatzspieler merken, dass Sie Ihnen wiichtig sind, und werden voll motiviert bleiben.

Die wichtigsten Tipps

° Manche Trainer oder Trainerinnen brüllen am Spielfeldrand. Dies sollte man unterlassen. Wir haben schon genügend Zuschauer oder Eltern, die Spieler oder Schiedsrichter anschreien. Ein Coach darf seine Spieler nicht bloßstellen mit lautstarker und dummer Kritik wie, "den musst du doch machen" oder "das kann meine Oma ja besser" usw.
Bei guten Aktionen aber loben Sie ihre Spieler laut, so können Sie das Selbstvertrauen und die Mannschaft stärken.
Der Coach muss Schwächen der Mannschaft oder eines einzelnen Spielers in Stärken verwandeln. Aber wie geht das.
Ich gebe Ihnen hier einige Beispiele. Kein Spieler kann eine vernünftige Ecke hereinbringen. Sie haben aber einen dribbelstarken Fußballer oder einen extrem schnellen Spieler. Trainieren Sie doch mit diesen die kurz ausgeführten Eckstöße mit allen Varianten bis zur Perfektion. Und schon ist die Sache erledigt.
Oder die Mannchaft besitzt einen lauffaulen Supertechniker, der jederzeit ein Spiel entscheiden kann. Würde er mehr laufen, wäre er noch effektiver. Reden Sie mit dem Spieler, dass dieser bei seinen gewöhnlichen Laufpausen, wenigstens in einem minimalen Laufschritt bleibt. Erklären Sie ihm, dass die kurzfristige Regeneration jetzt viel höher ist, und er aus einem Laufschritt viel schneller in einen Sprint wechseln kann.
Oder besitzen Sie viele schnelle Spieler, dann trainieren Sie mit dem Team häufiger Konter, bis damit Spiele auch gegen stärkere Mannschaften entschieden werden können usw.

Rahmenprogramm

Rahmenprogramm

Nun haben wir abgehandelt, welchen Trainerschein der jeweilige Coach braucht oder wer notfalls auch ohne Trainerschein arbeiten kann. Danach wurden alle wichtigen Tipps und Ratschläge für den perfekten Trainer oder die perfekte Trainerin aufgeführt. Dies reicht aber noch nicht für den perfekten Coach aus. Es fehlt noch ein weiteres Rahmenprogramm für den Seniorenfußball im Amateurbereich, den wir anschließend abarbeiten, und zuletzt kommen wir zum Rahmenprogramm im Kinder- und Jugendtraining.

Abseitsfalle

Abseitsfalle trainieren „Ja“ oder „Nein“

Nach unserer Meinung sollte in Jugendmannschaften und Amateurmannschaften bis mindestens Bezirksliga nicht auf Abseits gespielt werden. Wir befinden uns hier in Mannschaften, bei denen in der Regel der Spaßfaktor im Vordergrund steht. Weiterhin kann dieses taktische Mittel zu einer Überforderung führen, der Schiedsrichter leicht ein Abseits nicht sehen und damit auch nicht pfeifen (geschulte Linienrichter fehlen). Doch wieder wollen wir den Sachverhalt diskutieren.

Grundsätzlich liegt Abseits vor, wenn die angreifende Mannschaft mit dem Ball in der Hälfte des Gegners ist und der Ball nach vorn in Richtung Tor gespielt wird. Bei einem Pass müssen mindestens zwei Spieler des verteidigenden Teams der Torlinie näher sein als die angreifenden Spieler, die den Pass aber auch verarbeiten können. Achtung: Seit 1990 ist in diesem Fall aber „gleiche Höhe“ kein Abseits mehr. Ist aber nur ein Spieler (inklusive Torwart) dem eigenen Tor näher als der angreifende Spieler, ist der aktive Angreifer im Abseits und es muss einen Freistoß für die verteidigende Mannschaft geben.

Mit der Abseitsfalle als taktisches Mittel wird die angreifende Mannschaft nun ins Abseits gelockt. Hierbei rücken die Verteidiger bei einem Pass der Angreifer im richtigen Augenblick nach vorn (also nicht wenn der Pass schon gespielt ist, sondern kurz vorher). So laufen die potenziellen Passempfänger des Gegners ins Abseits. Schon hier erkennt jeder die Schwierigkeit einer optimalen Zusammenarbeit bei einer Abseitsfalle.

Abseitsfalle

Wann entscheidet man sich für die Abseitsfalle?

Durch das passive Abseits ist es wesentlich schwieriger geworden, das „Spielen auf Abseits“ effektiv zu verwirklichen. Eine Abseitsposition soll nur noch gepfiffen werden, wenn der betreffende gegnerische Spieler auch tatsächlich an den Ball kommen kann. Daher muss die Abseitsfalle perfekt gestellt werden.

D.h., erklären Sie erst einmal jedem Spieler, wann die Abseitsregel überhaupt greift. Es gibt sogar im Seniorenbereich noch Spieler, die nicht wissen, dass es beim Einwurf kein Abseits gibt.

Bei Freistoß kann durchaus auf Abseits gespielt werden.

Bei direkten Freistößen aus gefährlicher Schussposition sollte man nicht auf Abseits spielen, da einige Spieler schon in der Mauer gebunden sind.

Freistöße, die als Flanke in den Strafraum kommen, sind ideal für die Abseitsfalle und leicht zu trainieren. Die zeitliche Abstimmung der Spieler muss stimmen und jedem Spieler einleuchten, wann man sich nach vorne bewegt.

Stehen ein bis zwei Spieler in der Mauer, sollten die gegnerischen Angreifer deutlich hinter ihnen stehen, ansonsten funktioniert die Abseitsfalle nicht. Die anderen Verteidiger gehen vor der Ausführung des Freistoßes bewusst nach hinten in Richtung des eigenen Tores. Sie sollen die Angreifer in die Falle locken. Läuft der Freistoßschütze an, rennen die verteidigenden Spieler zum optimalen Zeitpunkt (abhängig von der Anlaufslänge des Freistoßschützen) geschlossen nach vorn an den Angreifern vorbei. Die Abseitsfalle ist perfekt.

Abseitsfalle

Aus dem laufenden Spiel die Abseitsfalle zu stellen, in Verbindung mit dem passiven Abseits, ist höchst problematisch. Die Abseitsposition muss für den Schiedsrichterassistenten deutlich erkennbar sein. Auf Abseits zu spielen bietet sich hier permanent an, wenn ein eifriger Stürmer immer an der Grenze zum Abseits steht. Die Abstimmung der Abwehrspieler muss genau dann funktionieren, wenn der Pass in die Spitze kommt.
Gegnerische Mannschaften, die für eine offensive Spielweise und Steilpässe in die Spitzen bekannt sind, bieten einen guten „Nährboden“ für das Spielen auf Abseits. Spielt der Gegner aber auf Konter oder lässt sich „tief“ fallen und der Mittelstürmer wird überwiegend an der Mittellinie angespielt, wird die Abseitsfalle zu einem hohen Risiko.
Jetzt muss dieses taktische Mittel perfekt beherrscht werden und sollte in dieser Situation nur professionellen Mannschaften überlassen werden.

Was sind die Vorteile einer Abseitsfalle ?

Man nimmt der angreifenden Mannschaft die Chance auf einen Torerfolg, beendet deren Angriff vorzeitig und bekommt zusätzlich auch noch den Ballbesitz. Ein eigener neuer Spielaufbau und Angriff kann eingeleitet werden.
Läuft der Gegner permanent ins Abseits, wird er zusätzlich demoralisiert.

Abseitsfalle

Was sind die Nachteile einer Abseitsfalle?

Das hatten wir bereits erwähnt. Die Schiedsrichter erkennen das Abseits einfach nicht und ein Torerfolg der gegnerischen Mannschaft ist sehr wahrscheinlich.
Oder die eigenen Spieler begehen Fehler bei der Abseitsfalle, sie laufen beispielsweise zu spät nach vorn. Hier braucht nur ein Spieler zu „schlafen".
Und nun kommen wir zu einem ganz wichtigen Punkt: das passive Abseits. Ein Spieler steht im Abseits, geht nicht an den Ball und greift überhaupt nicht ins Spielgeschehen ein. Das Spiel wird nun nicht unterbrochen, aber es könnte die Abwehrspieler irritieren.
Weiterhin ist man immer davon abhängig, wie die Schiedsrichter das passive Abseits für sich selbst definieren.

Wie trainiert man die Abseitsfalle?

Das Wichtigste ist, dass die Verteidiger geschlossen und gleichzeitig nach vorn laufen. Durch irgendwelche Signale, Handzeichen oder Zurufe wird vereinbart, in welchen Spielsituationen auf Abseits gespielt wird.
Im Training müssen diese Spielsituationen immer wieder simuliert werden, ansonsten wird die Abwehrfalle zu einem „Bumerang".
Auch die betreffenden Freistoßsituationen werden immer wieder trainiert. Freistöße aus verschiedenen Positionen werden praktiziert und der Trainer weist die Spieler an, welche Situationen nun für eine Abseitsfalle geeignet sind.

Konter

Das Konterspiel / Schnelles Umschalten von Abwehr auf Angriff

Grundsätzlich ist das Konterspiel für jede Mannschaft in diesem Altersbereich möglich und kann bzw. sollte im Training auch geschult werden. Je höher die konditionelle und technische Entwicklung der Spieler ist, desto schneller und besser kann ein Konter vorgetragen werden.

Effektive Übungen dazu werden in unserem Buch „Konter im Fußball" von Manfred Claßen und Wolfgang Schnepper" mit vielen Übungen und Grafiken präzise beschrieben.

Konter

Mit Konter wird im Fußball eine spezielle Handlung und Angriffsalternative bezeichnet.

Früher verstand man unter Konter lediglich ein taktisches Angriffsmittel einer schwächeren Mannschaft (auch durch Unterzahl bedingt) oder einer Mannschaft, die in Rückstand lag.

Im modernen Fußball, besonders in höheren Amateurligen und im Profibereich, wird der Konter sehr häufig und blitzschnell von fast allen Mannschaften eingesetzt.

Dies ist auch möglich, weil die heutigen Fußballer eine viel höhere Laufbereitschaft mitbringen und konditionell wesentlich besser trainiert sind. Der Konter kann immer dann eingeleitet werden, wenn die gerade verteidigende Mannschaft den Ballbesitz zurückerobert und blitzschnell die Initiative ergreift. Dieses extrem schnelle und organisierte Umschalten von Abwehr auf Angriff mit einem gezielten Überraschungsmoment, nennt man Konter.

Der Gegner ist hierbei oft überfordert oder reagiert zu spät, weil die Mannschaft auf Angriff eingeschaltet war und nun sofort komplett den "Rückwärtsgang" einlegen muss.
Der folgende Angriff ist nun viel gefährlicher als bei einer geordneten Defensivaktion des Gegners und führt verhältnismäßig häufig zu einem Torerfolg.
In vielen Spielen des modernen Fußballs leiten oft beide Mannschaften reihenweise Konter ein, hier spricht man dann auch von einem offenen Schlagabtausch.
Natürlich wird auch immer noch das Konterspiel gegen wesentlich stärkere Mannschaften eingesetzt.
Hier dient diese Taktik aber mehr dazu, die Abwehr kurzfristig zu entlasten und ein Schadensbegrenzung zu erzwingen. Hier bringt jeder Konter etwas Zeit, aber ein Torerfolg ist höchst selten.

Diese Situation liegt häufig vor, wenn z.B. in einem Pokalspiel eine Oberligamannschaft auf einen Bundesligisten trifft. In der Regel wird die Amateurmannschaft überwiegend in die eigene Hälfte gedrängt und entlastet sich mit gelegentlichen Angriffen, hierbei häufig mit Kontern. Die Wahrscheinlichkeit eines Erfolges ist aber sehr gering. Aber wir dürfen nicht vergessen, diese Taktik ist oft die einzige Möglichkeit, um das Spiel zu gewinnen. Spielt die Amateurmannschaft zu offen, ist eine bis zu zweistellige Niederlage durchaus möglich, ein Sieg aber unmöglich.
Das Konterspiel ist also eine taktische Maßnahme, um nach einer Balleroberung schnellstmöglich und kontrolliert zum Torerfolg zu kommen.

Konter

Das Konterspiel wird von guten Mannschaften zu jedem lohnenden Zeitpunkt eingesetzt.
Es ist aber auch ein probates Mittel gegen stärkere Gegner, auch durch Unterzahl bedingt und gegen gegnerische Mannschaften, die fehlerhaft ihre Abwehr „öffnen“ oder auch bei einem Rückstand kurz vor Schluss „öffnen“ müssen.
Die Einladung zu einem Konter ergibt sich auch nach erfolglosen Standardsituationen des Gegners oder Ballverlusten im Spielaufbau.
Hier möchten wir kurz erklären, wann es sich für eine Mannschaft lohnt, überwiegend die eigenen Angriffe über Konter einzuleiten.
Wir haben es mit einer Mannschaft zu tun, die eine starke Defensive besitzt, aber keine „echten Stürmer“. Das Team hat aber zwei oder mehrere Konterstürmer im Kader. Diese Spieler sind extrem schnell, dribbelstark und können den Ball im vollen Sprint optimal verarbeiten. Werden sie aber ständig im Sturm an vorderster „Front“ eingesetzt, können sie sich nicht durchsetzen, da sie überwiegend mit dem Rücken zum Tor stehen und auch die Grundschnelligkeit nicht zum Einsatz kommen kann (auf den ersten 10 – 20 Metern kommt lediglich die Antrittsschnelligkeit zum Tragen).
Jetzt macht es keinen Sinn zwei oder drei Stürmer aufzustellen. Hier bietet sich beispielsweise an, mit einer hängenden Spitze aufzulaufen und meine Konterstürmer aus dem Mittelfeld und/oder den Außenverteidigerpositionen in das Offensivspiel zu integrieren. Die Konter werden hierbei natürlich durch die defensiven Mittelfeldspieler unterstützt.

Konter

Konterarten

An einem Konter können ein bis mehrere Spieler direkt beteiligt sein, in Ausnahmesituationen auch die komplette Mannschaft, inklusive Torwart (hierbei wollen wir von einem Konterangriff mit gleichzeitigem Pressing sprechen).
Im einfachsten Fall erobert nur ein Spieler den Ball bei einem gegnerischen Spielaufbau und läuft mit höchster Geschwindigkeit auf das gegnerische Tor zu. Hier sind dann auch Laufwege von 60 Metern oder mehr möglich.
Diese Art "1-Mann-Konter" hat es auch schon in der Bundesliga durchaus gegeben. Hier ist eine hohe körperliche Fitness in Kombination mit einer hohen Grundschnelligkeit erforderlich.
Arjen Robben ist beispielsweise so ein Spielertyp. Vor allem gegen Ende eines Spiels hat dieser Spieler höhere körperliche Reserven und kann damit seine Grundschnelligkeit noch besser ins Spiel bringen. Öffnet der Gegner jetzt gegen Ende des Spiels seine Abwehr und setzt alles auf „eine Karte“, kann der Bayern-Spieler einen Konter über eine lange Strecke locker allein mit einem Tor beenden, wie er schon bewiesen hat. Ein Konter kann auch durch zwei Spieler durchgeführt werden. Hierbei fängt einer den Ball ab, schickt seinen Mitspieler, z.B. mit einem langen und genauen Pass, der dann den Torabschluss sucht.
Bei drei Spielern fängt beispielsweise einer den Ball ab, schickt den zweiten über außen, der eine genaue Flanke auf den dritten Mitspieler schlägt.
Bei einem Konter, an dem drei oder mehr Spieler direkt beteiligt sind, kann dieser auch durch schnelles und kurzes

Passspiel nach vorne ausgetragen werden.
Ein extremer Konter ist gegeben, wenn z.B. ein Spieler im eigenen Sechzehner den Ball abfängt, und jetzt einen genauen Pass auf einen Mitspieler über 60 – 80 Meter schlägt. Der angespielte Mitspieler sollte hierbei eine hohe Grundschnelligkeit besitzen, den Ball im vollen Lauf annehmen und führen können und hohe Torschussqualitäten aufweisen.
Eine weiter extreme Konterart, ist der Konter der gesamten Mannschaft mit integriertem Pressing. Diese Taktik wird kurz vor Spielschluss eingesetzt und ist mit vollem Risiko verbunden. Hierbei wird der Ball beim gegnerischen Spielaufbau erobert und sofort der Konter eingeleitet. Gleichzeitig rücken alle Spieler extrem weit auf, und im Mittelfeld wird eine hohe Spieler-Überzahl geschaffen.
Der Torwart positioniert sich zwischen Sechzehner und Mittellinie und versucht, eventuell lang geschlagene Pässe des Gegners abzufangen, und mit einem ebenfalls langen Pass in den Sturm zurück zu befördern.

Hier die wichtigsten Merkmale eines Konters noch einmal zusammengefasst:

Sofortiges Umschalten von Abwehr auf Angriff; schnelles Dribbling, raumgreifendes Passspiel oder kurzes Kombinationsspiel mit höchstmöglichem Tempo zum Tor; Einschalten von vielen Spielern, falls erforderlich; die Abseitsregeln im Auge behalten. Hohe technische und konditionelle Fähigkeiten der betreffenden Spieler sind für Konter unabdingbar.

Konter

Schnelles Umschalten von Abwehr auf Angriff

Wenn man am Wochenende ins Stadion geht und sich Amateurmannschaften anschaut, vor allem die unteren Amateurklassen, erkennt man oft nach einem Ballgewinn, erst einmal eine Ballsicherung oder einen überhasteten und unkontrollierten Angriff einiger Mannschaftsteile.
Das schnelle Umschalten von Abwehr auf Angriff wurde nie oder selten trainiert. Die gegnerische Mannschaft kann sich ständig gegenüber dem drohenden Angriff formieren und jeglicher Überraschungseffekt bleibt aus. Die Wahrscheinlichkeit eines Torerfolgs sinkt und wertvolle Punkte gehen in der Saison verloren. Es ist klar, dass eine Mannschaft nicht ständig auf Konter oder Pressing spielen kann, weil dazu, vor allem in den unteren Amateurklassen die konditionellen Voraussetzungen nicht vorliegen, aber ein ständig „blindes“ oder stark verzögertes Angreifen muss auch nicht sein. Hier hat der Trainer viel Handlungsbedarf.
In gewissen Situationen muss jeder Spieler auf dem Feld (oder fast jeder) blitzschnell auf Angriff umschalten können.

Hier sollte die Grundregel gelten: Verliert die gegnerische Mannschaft vollkommen unerwartet den Ball, und wir sind im sicheren Ballbesitz aus dem „freien Spiel“ heraus, erfolgt immer sofort der Konter.
Erfolgt der Ballgewinn in den hintersten Reihen, sind oft Verteidiger oder sogar der Torwart die ersten Spieler, die an einem Konter beteiligt sind.
Hierbei spielt dann der Torwart/Verteidiger den ersten schnellen Pass oder der Verteidiger sucht Tempodribbling

Konter

Hier dürfte jedem klar sein, dass der Torwart bei einem unerwartetem Ballgewinn kein Tempodribbling startet.
Es gibt allerdings, besonders in unteren Amateurklassen, Abwehrspieler, die mit jeglicher Offensivarbeit überfordert sind und auch für ein Tempodribbling zu langsam und unsicher. Diese Spieler haben dann lediglich die Aufgabe nach einem Ballgewinn so schnell wie möglich ein sicheres Abspiel zu suchen. Wichtig ist aber, dass der Ball nicht in den Abwehrreihen gehalten wird, sondern sofort das Spiel nach vorne gesucht wird.
Wird der Ballgewinn in der hintersten Abwehrreihe erzielt, sind oft alle Mannschaftsteile direkt oder indirekt an einem Konter beteiligt.
Hat ein Abwehrspieler den Ballbesitz erkämpft und ist gleichzeitig dribbelstark, kann er durch ein kurzes Tempodribbling mehrere Gegenspieler auf sich konzentrieren und bereitet freie Anspielmöglichkeiten im Sturm vor. Seine Mitspieler rücken schnell vor, die Offensivkräfte suchen den freien Raum und der Gegner hat keine Zeit mehr, sich zu formieren.
Wie schon erwähnt, kann ein Konter auch in Unterzahl gefährlich sein, wenn er gezielt und genau vorgetragen wird.
Hier nimmt der Torwart einen besondere Rolle ein. Hat er den Ball sicher gehalten oder erobert, sieht man oft sein langsames Abspiel.
Nein, der Torwart soll hier blitzschnell den Ball wieder ins Spiel bringen, damit die gegnerische Abwehr sich nicht formieren kann.
Dieses muss dem Keeper bewusst gemacht werden und im Training gezielt gefördert werden.

Er sollte im Training genaue Abwürfe und Abschläge immer wieder üben. In vielen Amateurmannschaften wird dieses viel zu wenig trainiert.
In Trainingsspielen bekommt der Torwart z.B. die Option, wenn er den Ball erobert, hat er ein sofortiges Abspiel zu suchen.
Zusätzlich kann vereinbart werden, dass nur nach vorne gespielt oder gedribbelt werden darf (hierbei empfiehlt es sich ohne Abseits zu spielen). Jetzt müssen die Spieler das Risiko suchen, gehen in den direkten Zweikampf, suchen den Doppelpass oder den freien Raum vor dem gegnerischen Tor.
Diese Trainingsform stärkt zudem das Selbstvertrauen der Spieler für die Offensivarbeit.

Umschalten / Konter

Das Umschalten bedeutet das Wechseln von Abwehr- auf Angriffsverhalten bei Ballgewinn und Angriffs- auf Abwehrverhalten bei Ballverlust.
Jetzt könnten spitzfindige Menschen behaupten, Konter und das Umschalten von Abwehr- auf Angriffsverhalten ist ja das Gleiche.
Diese Aussage enthält aber nur eine Teilwahrheit. Der Konter ist immer auch mit einem Umschalten von Abwehr- auf Angriffsverhalten verbunden, umgekehrt aber nicht.
Das Umschalten in die Offensive bei Ballgewinn muss nicht, wie beim Konter, immer sofort erfolgen.
Hier kann, z.B. der Ball erst einmal in den eigenen Reihen gehalten werden, weil die Mannschaft Zeit gewinnen will, sich sortieren muss, eine Erholungsphase braucht, der

schnelle Angriff zu diesem Zeitpunkt sinnlos ist, der Gegner geschickt zustellt und sofort organisiert ist oder sich der schnelle Angriff festgerannt hat.
Das schnelle Umschalten von Angriffs- auf Abwehrverhalten ist logischerweise das beste Mittel gegen Konter und braucht eine gute Fitness aller Spieler.
Im Profifußball und den höheren Amateurklassen ist die Schnelligkeit des Umschaltens von Offensive auf Defensive und umgekehrt sehr oft spielentscheidend.
Hier fallen über 70% aller Tore, weil die betreffenden Mannschaften zu diesem Zeitpunkt nicht korrekt gegen einen Konter organisiert sind.
Das schnelle Umschalten von Angriffs- auf Abwehrverhalten beinhaltet nicht nur das Zurückziehen in die eigene Hälfte, um aus einer kompakten Position den Ballgewinn wieder einzuleiten und das eigene Tor zu schützen, sondern kann auch durch ein gezieltes Pressing eingeleitet werden.
Konter und ein schnelles und gezieltes Umschalten in beide Richtungen sollten schon ab der Jugend trainiert werden. Aber auch mit Seniorenmannschaften in den unteren Amateurligen, können hiermit noch erhebliche Leistungssteigerungen erzielt werden.
Training von Konter und schnellem Umschalten können hervorragend mit Spielfreude, Zweikampfverhalten, Doppelpassschulung, Hinterlaufen, Übergeben/Übernehmen, weite Pässe, intensive Konditionsschulung, auch aus dem Trainingsspiel heraus, usw. trainiert werden.

Pressing

Königsdisziplin Pressing

Hier die wichtigsten Informationen zum Thema „Pressing“ für Trainerinnen und Trainer mit wenig oder keiner Erfahrung im Trainergeschäft. Praktische Übungen mit vielen Grafiken finden Sie reichlich in unserem Buch „Pressing mit System“ von Manfred Claßen und Wolfgang Schnepper.
Da die heutigen Fußballregeln zum größten Teil in England erfunden wurden, sind viele Begriffe aus dem Englischen in den deutschen Fußball gelangt, wie Pressing und Forechecking etc. Pressing bedeutet wörtlich Druck ausüben“.
Pressing oder Druckspiel (obwohl der Ausdruck „Druckspiel“ nicht ganz richtig ist, weil er auch das unorganisierte Pressen einzelner Mannschaftsteile bedeutet und zu Missverständnissen führen kann), ist eine spieltaktische Variante im Sport. Am Pressing beteiligen sich in der Regel alle Mannschaftsteile.
Die Grundidee ist, dem Gegner möglichst wenig Zeit zu geben, sein Spiel ruhig und kontrolliert aufzubauen, damit er zu Fehlern gezwungen wird. Dies erfolgt durch die Verengung des Spiel- und Handlungsraumes für den jeweils ballbesitzenden Spieler der angreifenden Mannschaft. Ziel ist es, Überzahlsituationen in Ballnähe und im Besonderen „2 oder 3 zu 1 Situationen „ beim ballführenden Gegenspieler zu schaffen. Die Gegenspieler in Ballnähe werden in eine enge Deckung genommen.
Grundvoraussetzungen für Pressing sind hohe Laufbereitschaft der Spieler, Dynamik, Kondition und Spielverständnis.

Pressing

Im Jugendfußball wird Pressing oft intuitiv von Spielern durchgeführt, aber meistens ist das falsch organisiert und nur einzelne Mannschaftsteile sind daran beteiligt. Diese Art von Pressing erfolgt in der Regel gegen schwächere Gegner, was die eigenen Stürmer sofort erkennen und nun Fehler bei den Verteidigern durch schnelles Angreifen provozieren, um ihre Tore zu schießen.Oft werden diese Spieler von Trainer und Elternteilen sogar noch zu diesen Einzelaktionen mit Anfeuerungen wie „mach den fertig“,“ der kann nichts“, hol dir die Kugel“ oder „geh drauf“ provoziert.

Diese Aktionen können wir aber nicht als „zivilisierten“ Fußball bezeichnen, sondern nur als kräftezehrende Einzelattacken.

Pressing ist immer ein Unterfangen der gesamten Mannschaft, ist an kein Spielsystem gebunden, auch nicht an Raum- oder Manndeckung oder mit oder ohne Libero.

Pressing ist also eine kollektive Spieltaktik und wird von mehreren, aber in der Regel von allen Spielern, gleichzeitig eingesetzt. Hier müssen wir deutlich unterscheiden zwischen Pressing und Druckspiel. Das Druckspiel besteht aus Einzelaktionen, wobei einzelne Spieler den Handlungsraum des gegnerischen Ballbesitzers stören, einschränken oder sogar den Ballbesitz zurückerobern.

Diese Art der Verteidigung ist natürlich im Strafraum oder Strafraumnähe absolut notwendig, um eine Torchance des Gegners abzuwehren.

Aber auch in der Aufbauzone müssen einzelne Spieler mit extremen Druck auf den Gegner agieren, um in Ballbesitz zu kommen oder das Aufbauspiel massiv zu stören.

Es gibt auch aufgeweckte Stürmer, die immer genau

erkennen, wann es sich lohnt einen Verteidiger oder den Torwart in Ballbesitz, gezielt und extrem anzugreifen.
Dieses Unterfangen hat aber nichts mit Pressing zu tun. Im Pressing agieren immer mehrere Spieler in kooperativer Weise, um in Ballbesitz zu gelangen. Die Taktik hat also nur ein Ziel, den Spielraum und die Angriffstaktik zu stören, um dann in einer viel kürzeren Zeit, wieder in Ballbesitz zu gelangen.
Wir können also nur ein Pressing spielen, wenn der Gegner in Ballbesitz ist und wenn im Training eine Taktik festgelegt wurde, wie man den Ballbesitz gemeinsam zurückerobert.
Weiterhin können wir unterscheiden zwischen einem Pressing über das gesamte Spielfeld oder einem partiellen Pressing.
Bei einem partiellen Pressing wird nur in bestimmten Bereichen des Spielfeldes oder wenn bestimmte Spieler in Ballbesitz sind gepresst.
Im folgenden Abschnitt zeigen wir einige Beispiele des partiellen Pressing.
Beim partiellen Pressing kann der Trainer zum Beispiel festlegen, wir pressen nur:

° bei Ballbesitz des Gegners an der Außenlinie (hier kann eine Überzahl besser geschaffen werden
und die Abspielmöglichkeiten des Gegenspielers sind begrenzt),

° bei Ballbesitz eines technisch schwachen Gegenspielers,

° bei Ballbesitz eines leicht angeschlagenen Gegners,

der dadurch in seinen Aktionen eingeschränkt ist (diese Taktik ist nicht unfair, wenn hier nicht mit Faulspiel agiert wird),

° bei Ballbesitz eines Gegenspielers mit schlechter Tagesform,

° ungenaues Anspiel eines Gegenspielers, der dadurch Schwierigkeiten der sofortigen Ballkontrolle bekommt,

° oder bei Ballbesitz eines besonders starken gegnerischen Spielers (hier 3 gegen 1).

Alle diese unterschiedlichen taktischen Maßnahmen werden allerdings vom Trainer allein festgelegt.

Vorüberlegungen

Merke: Es gibt allerdings eine Ausnahmesituation einen Spieler aus dem Pressingverhalten (Mittelfeld- und Abwehrpressing) mehr oder weniger herauszunehmen).
Besitze ich einen „Wunderstürmer“, der mir 20 – 50 Tore pro Saison garantiert, aber an Wirksamkeit verliert, weil weil seine Laufwege und Aufgabenbereiche durch taktische Maßnahmen zugenommen haben, muss ich diesen Spieler von solchen Zusatzaufgaben entlasten, ansonsten wird eine taktische Anordnung zu einem Bumerang.

Diesen Spieler muss man überwiegend vom Pressing befreien.
Wir geben hier eine kurze physiologische Erklärung ab, warum bestimmte Spielertypen nicht ständig mit vielen Laufwegen und kämpferischen Aktionen konfrontiert werden dürfen.
Manchmal beobachten wir Stürmer, die uns „lauffaul" erscheinen, die aber förmlich explodieren, sobald sie in Ballnähe oder Ballbesitz sind. Diese Spielertypen sind extrem antrittsschnell und kaum vom Ball zu trennen.

Aber was unterscheidet diese Spieler körperlich von anderen?
Jeder Mensch besitzt langsame oder schnelle Muskelfasern, die langsamen sind gut für Ausdauerleistungen und die schnellen für Schnellkraft und Schnelligkeit.
Es gibt nun Stürmer, die überwiegend schnelle Muskelfasern in der Beinmuskulatur haben und damit den anderen Spielern an Schnelligkeit, Sprungkraft und Schusskraft weit überlegen sind (Voraussetzung ist natürlich eine gute Koordination und bei der Schusskraft eine gute Technik).
Konfrontiere ich diese Spieler nun permanent mit Laufleistungen, übersäuern und ermüden diese Spieler und verlieren an Torgefährlichkeit, bis hin zur „Torharmlosigkeit".
Der Trainer muss solche Ausnahmespieler erkennen und dementsprechend in seine taktischen Maßnahmen einbauen, damit solche spielentscheidenden Athleten nicht durch eigene Maßnahmen blockiert werden. Auch im Training werden diese Spieler nicht ständig mit harten, übersäuernden Trainingsübungen überlastet, weil sonst die Dynamik

darunter leidet.

Um dies extrem zu verdeutlichen, stellen wir uns Folgendes vor:

Trainiere ich einen 100m Sprinter zusätzlich regelmäßig mit harten Ausdauereinheiten, wird dieser über 100 m bis zu einer Sekunde langsamer laufen.
Hier kann der Autor, Wolfgang Schnepper, aus eigener Erfahrung sprechen. Als er vom Fußball zum Triathlon wechselte, verschlechterte sich seine 100 m Zeit innerhalb von einem Jahr von 11,3s auf 12,2s und nach vier Jahren auf 13,2s (dieser Prozess ist zum Glück umkehrbar).
An einer harten Saisonvorbereitung auch im Ausdauerbereich müssen allerdings immer alle Spieler teilnehmen, damit eine konditionelle Grundlage für die Saison geschaffen wird.

Pressing sollte aber auf keinen Fall gegen einen wesentlich stärkeren Gegner (wesentlich stärker heißt einen Gegner, der in allen Bereichen stark überlegen ist und die Mannschaft sowieso hinten einschnürt) oder bei konditionellen Schwächen gespielt werden. Bei Unterzahl von einem Spieler kann eventuell gepresst werden, wenn man dem Gegner konditionell überlegen ist oder man kurz vor Spielschluss ein Tor braucht. Bei einer Unterzahl von mehr als einem Spieler wird nicht gepresst, sondern die Mannschaft postiert sich in der Regel weit zurückgezogen in der eigenen Hälfte, verengt die zentralen Räume und kann allenfalls auf Konter hoffen.

Pressing

Grundlagen für das Pressing schaffen

Neben den bereits erwähnten Grundvoraussetzungen für das Pressing (hohe Laufbereitschaft der Spieler, Dynamik, Kondition und Spielverständnis) müssen weiterhin Grundlagen für das Pressing geschaffen werden, bevor der Trainer mit dem eigentlichen Training des Pressings beginnt.
Im Wesentlichen müssen 3 Grundlagen geschaffen werden, um effektiv zu pressen:

1. Doppeln

2. Defensivspiel der Viererkette (Pressing ist zwar auch mit Libero möglich, jedoch nicht so effektiv)

3. Verschieben

Das Doppeln

An dieser Stelle erläutern wir den Begriff „Doppeln“, weil viele Fußballer die genaue Bedeutung des Begriffs überhaupt nicht kennen.
Doppeln bedeutet zunächst das Bedrängen eines Angriffsspielers, der in Ballbesitz ist, von zwei gegnerischen Spielern. Es bedeutet aber nicht das gleichzeitige und synchrone Angreifen der beiden Spieler. Hier besteht die Gefahr, dass der Stürmer mit einem Trick zwei Gegner ins Leere laufen lässt.
Vielmehr wird der Spieler, der schon einen Gegenspieler mit Ballbesitz attackiert, von einem weiteren Mitspieler

dabei unterstützt und eine "2 : 1 Situation" entsteht.
Das zeitliche Zusammentreffen der beiden Spieler auf den Gegner kann allerdings in einem sehr kurzen Zeitintervall geschehen und kommt in der Regel aus unterschiedlichen oder leicht unterschiedlichen Richtungen.
Auch kann der zweite Spieler ein passiver Unterstützer sein, der zunächst nur den entsprechenden Raum zustellt und den Angreifer zusätzlich unter Druck setzt.
Für das Doppeln sind zwei Spieler gemeinsam nötig und die Aufgaben müssen aufeinander abgestimmt sein. Durch das Doppeln soll ein Vordringen des ballführenden Gegenspielers (vor allen Dingen durch die Spielfeldmitte) verhindert oder zumindest behindert werden.

Abwehrpressing

Beim Abwehrpressing wird dem Gegner bewusst die Zeit gegeben, den Angriff angeblich in aller Ruhe aufbauen zu dürfen. Dabei wird versucht, den Ball in bestimmte Zonen des Feldes zu lenken, um dann in der eigenen Spielhälfte mit einer Spielerüberzahl den Ball zu erobern. Diese Art des Pressings beginnt 8-20 Meter vor der Mittellinie (je nach Art des Abwehrpressings bis zum eigenen Strafraum).
Mit anderen Worten, wer Abwehrpressing praktiziert, muss warten, bis der Gegner die Linie einer bestimmten Spielfeldzone erreicht hat, um dann die Pressingstrategie in die Realität umsetzen. Abwehrpressing bedeutet, das Angriffsspiel des Gegners zu blockieren. Der Gegner darf quer- und auch rückpassen, aber Pässe in das Abwehrzentrum werden sofort heftig attackiert, wobei alle

Spieler defensiv sind und permanent verschieben müssen, wenn das Spiel sich auf links oder rechts verlagert.
Der Nachteil, dass der Gegner nun häufig in Ballbesitz ist, ist kein wirklicher Nachteil, weil er häufig nur sinnlos hin- und her passt und das Spiel durch die eigene Mannschaft über Konter und schnellen Angriffsfußball gewonnen werden kann.
Der wichtigste Punkt ist aber, dass die zweite Abwehrreihe (drei oder vier Spieler) sich nicht aus dem Abwehrbollwerk herauslocken lässt und zu früh angreift, sonst kann diese Kette schnell ausgehebelt werden und die erste Abwehrreihe mit nur vier Spielern sieht sich plötzlich 5 – 6 Angreifern gegenüber.
Weiterhin müssen besonders die gegnerischen Spieler mit einem gewaltigen Torschuss rechtzeitig bei einem Ballbesitz gestört werden, damit diese nicht mit einem Weitschuss zum Erfolg kommen. Bei diesen Spielern wird schon 30 Meter vor dem Tor die Schusslinie zugestellt.
Wichtig ist also das Verschieben der ganzen Mannschaft bei Querpässen bzw. bei Rückpässen, und dass der Abstand zu den nächsten Mitspielern nur 7 bis 10 Meter beträgt.
Die Mannschaft steht sehr tief und verfolgt das Aufbauspiel des Gegners und wartet auf Fehler. Erfolgt das Spiel nach außen, wird mit den entsprechenden Handlungen wie Doppeln und Verengung der Räume begonnen.

Die wichtigsten Aspekte für ein erfolgreiches Abwehrpressing sind:

° Verengung der Räume

Pressing

° Angreifen und Doppeln des Ballbesitzes

° Deckung der potentiellen anspielbaren Gegnerische

° Geschultes Abwehrverhalten in Bezug auf Stellungsspiel, Verschieben, Verteidigen und Tackling

° Schnelles Umschalten von Abwehr auf Angriff

Von höchster Wichtigkeit ist, dass der Gegner nicht näher als 25 – 30 Meter ungestört vor dem eigenen Tor agieren darf, da sonst Fernschüsse eine große Gefahr darstellen.
Auch hier muss wieder auf „schussgewaltige" Spieler geachtet werden, die noch früher attackiert werden sollten.
Die gesamte Mannschaft lässt sich also zurückfallen und setzt mit einer dicht gestaffelten Abwehrformation den Gegner unter Druck. Das eigene Offensivspiel beläuft sich lediglich auf Konter und nach einer Balleroberung werden blitzschnell Steil-, Diagonal- oder Doppelpässe eingeleitet, bzw. Tempodribblings.
Auch die Stürmer ziehen sich bis in die eigene Spielhälfte zurück, müssen ein hohes Laufpensum absolvieren und bei Ballgewinn kräftezehrende Sprints zum gegnerischen Tor zurücklegen.
Im Gegensatz zur gängigen Literatur kann Folgendes festhalten werden:
Abwehrpressing kann in der Regel keine erfolgreiche Taktik gegen haushoch überlegene Mannschaften sein. Diese Pressen die wesentlich schwächere Mannschaft sowieso in eigenen Hälfte fest.

Pressing

Wann macht Abwehrpressing Sinn?

Die Taktik kann gegen Mannschaften aufgehen, die zwar überlegen sind, aber nicht extrem und nicht in allen Bereichen. Abwehrpressing bietet sich für Mannschaften an, die in der Abwehr große und kopfballstarke Spieler und einen Strafraum beherrschenden Torwart haben, um eventuell häufige Flanken des Gegners abzufangen.
Für Mannschaften, die schnell auf Angriff umschalten können, im Kontern gefährlich sind und im Sturm extrem schnelle Spieler besitzen, die den Torabschluss suchen, bevor der Gegner sich wieder formiert hat.
Weiterhin sollten Mannschaften, die Abwehrpressing spielen, sich in einem guten konditionellen Zustand befinden und einen Torwart besitzen, der nicht nur auf der Linie gut ist, sondern auch den Strafraum sicher verwaltet.

Mittelfeldpressing

Ziel des Mittelfeldpressings ist es, den Gegner unter Druck zu setzen bzw. Druck auf den Ball auszuüben. Am Mittelfeldpressing wird die gesamte Mannschaft beteiligt. Dabei befinden sich alle Feldspieler beim gegnerischen Spielaufbau hinter dem Ball und im mittleren Drittel des Spielfeldes (Länge: 30 bis 40 m). Der gegnerische Angriff wird durch die Stürmer am Ende des Drittels erwartet. Beim Spiel des Gegners in die Zone, wird sofort versucht, in Ballnähe Überzahlsituationen herzuetellen. Also hier sind die Zauberwörter "Doppeln und Verschieben".

Diese Überzahl am Ball soll zu einer kontrollierten Balleroberung führen und der Beginn einer herausgespielten Torchance sein. Die Grafik stellt die Grundordnung für das Pressing dar.

Mittelfeldpressing ist die eigentliche Form des Pressings, die von den meisten Mannschaften praktiziert wird. Diese Art des Pressings kann auch gegen eine technisch und konditionell etwas bessere Mannschaft eingesetzt werden.

In der Regel lässt man den Gegner bis maximal 10 Meter vor der Mittellinie unbehelligt spielen. Hinter dieser gedachten Linie wird der Gegner dann angegriffen und ein Rück- oder Querpass soll verhindert werden, wobei natürlich auch der direkte Weg zum eigenen Tor zugemacht werden muss. Auch der erste Pass in die Mittelzone kann schon heftig attackiert werden (bietet sich besonders bei technisch schwächeren Teams an). Hier verliert der Gegner eventuell sofort den Ball und stellt mit der Zeit auf Verzweiflungstaten, wie Dribblings oder weite Pässe um.

Mittelfeldpressing über die gesamte Spielzeit

Mittelfeldpressing kann über einen langen Zeitraum, bei einer konditionell sehr starken Mannschaft, sogar während des ganzen Spiels praktiziert werden.

Hierbei sollte die Mannschaft jedoch über einige Varianten des Mittelfeldpressings verfügen.

Wird immer z.B. ein Außenverteidiger gedoppelt, so kann sich der Gegner hier natürlich relativ schnell einstellen.

Auch sollten immer wieder Pressingpausen absolviert werden, um das eigene Spiel variabler zu gestalten.

Pressing

Hier wird es dem Gegner noch schwerer gemacht, sich auf das eigene Spiel einzustellen.

Forechecking

Forechecking (engl.Bez.) oder zu Deutsch Angriffsverteidigung, ist eine spieltaktische Variante im Sport, die zuerst im Eishockey verwendet wurde und später auch im Fußball. Forechecking bezeichnet das frühzeitige Stören bzw. Attackieren des gegnerischen Angriffs bereits in der gegnerischen Hälfte bzw. Drittel (Eishockey).
Diese spieltaktische Variante erfordert gute konditionelle Fähigkeiten, vor allem der Mittelfeldspieler und Stürmer, da diese überwiegend das Forechecking ausführen.

Forechecking ist weiterhin unter dem Begriff „Angriffspressing“ bekannt.

Beim Forechecking wird der Gegner frühzeitig in seiner eigenen Hälfte angegriffen und zu Fehlern im Spielaufbau genötigt. Die Spieler müssen fähig sein, diese Situationen zu erkennen, um einen schnellen Ballgewinn zu erreichen. Beim Ballgewinn entsteht die Möglichkeit, sofort zum Torabschluss zu kommen, weil man sich bereits weit in der gegnerischen Hälfte befindet.

Diese taktische Variante ist kräftezehrend und kann meistens nur kurzzeitig (Ausnahmen werden noch erörtert) angewendet werden.

Pressing

Schlechtes Angriffspressing sieht man häufig und endet oft in einer „Katastrophe“. Die verteidigende Mannschaft attackiert den Gegner planlos, ohne dass ein wirkliches Doppeln entsteht.
Die Abstände zum Gegner sind hier in der Regel zu groß. Der Gegner entkommt mit schnellen Kombinationen und kann das Mittelfeld schnell überbrücken. Hier ist der Gegner dann oft mit zwei bis drei Anspielstationen vor dem eigenen Tor.
Beim Forechecking müssen die Spieler eine hohe Laufbereitschaft mitbringen, weil sie sich immer wieder Richtung Ball bewegen und bei einem Versagen des Pressings sofort in die Defensive umschalten. Gelingt das nicht, kann der Gegner blitzschnell einen Konter durchführen.
Ein Pressing kann direkt nach Spielbeginn der ersten oder zweiten Halbzeit, bei einem Rückstand oder als taktische Variante urplötzlich während des Spiels ausgeführt werden.
Gegen eine wesentlich schwächere Mannschaft kann ein Forechecking auch über einen längeren Zeitraum sofort eingesetzt werden, um das Spiel früh zu entscheiden. Weiterhin kann gegen eine solche Mannschaft ein Angriffspressing auch über einen wesentlich längeren Zeitraum durchgehalten werden, weil Ballverluste des Gegners wahrscheinlicher sind und damit die Laufarbeit auch geringer. Der Zeitpunkt des Pressings wird in der Regel vom Trainer oder einem ausgewählten Spieler allein bestimmt. Der optimale Zeitpunkt des Forecheckings ist das Anspiel eines zentralen Abwehrspielers auf einen relativ schwachen Außenverteidiger. Einen Außenverteidiger kann man logischerweise mit weniger Mitspielern zustellen, als einen zentralen Gegenspieler.

Pressing

Erkennt der Trainer oder die Trainerin einen gegnerischen Außenverteidiger, der einen ganz schwachen Tag erwischt hat, bietet es sich an, dass er ganz spontan ein Angriffspressing anordnet, wenn dieser angespielt wird.
Auf Kommando des Trainers verschieben alle Spieler Richtung ballführenden Außenspieler. Der Stürmer mit der größten Entfernung zum Ball stellt die Rückpassmöglichkeit des Außenverteidigers zu. Der Stürmer mit der kürzeren Entfernung zum Ball doppelt den Verteidiger mit Ballbesitz zusammen mit dem entsprechenden äußeren Mittelfeldspieler. Die anderen Mitspieler stellen schnellstens alle Anspielstationen zu.
Der eigene Torwart rückt weit vor, um z.B. geschickte Pässe des Gegners über die Abwehrkette abzufangen.

Merke: Wie weit der eigene Torwart wirklich vorrücken soll, ist entscheidend davon abhängig, in welcher Liga wir uns befinden, ob Jugend- oder Seniorenbereich, welche Schusskraft der Gegner hat und wie schnell und gut der Torwart ist.
In einer Jugendmannschaft kann der Torwart relativ weit vorrücken, da es hier in der Regel keine Spieler gibt, die einen Torschuss über 70 – 80 Meter abgeben können. Bei Seniorenmannschaften in unteren Klassen wird es auch fast keine Spieler mit einer riesigen und so genauen Schusstechnik geben.
In den höheren Ligen sieht das anders aus. Hier muss der Torwart immer mit einem gewaltigen Weitschuss rechnen.
Es gibt Fußballer, die einen Ball 80 – 100 Meter weit und noch relativ genau schießen können.

Der Torwart wird hier über die Gegenspieler mit dieser enormen Schusskraft informiert und behält diese Spieler im Auge. Bei einem Zuspiel dieser besagten Fußballer reduziert der Torwart im Rückwärtsgang die Entfernung zum eigenen Tor um einige Meter.

Kommen wir zurück zur Erläuterung des grundlegenden Verhalten beim Forechecking.

Die Innenverteidiger sind die einzigen Feldspieler in der eigenen Spielfeldhälfte etwas hinter der Mittellinie. Die Außenverteidiger rücken in die gegnerische Hälfte vor und die Mittelfeldspieler postieren sich massiv im zentralen Mittelfeld. Die äußeren Mittelfeldspieler sind recht weit innen justiert und erzwingen dadurch sehr oft einen Spielaufbau über die gegnerischen Außenspieler. Die entscheidenden Faktoren im Angriffspressing sind nun, dass schon beim Zuspiel auf den Außenverteidiger, alle Spieler sofort ihre Pressingaufgabe erfüllen. Sofort stellt der Stürmer die Rückpassmöglichkeit zu und der Außenverteidiger wird gedoppelt. Scheitert allerdings das Doppeln und der Gegner kann den Ball sicher unter Kontrolle bringen, wird das Pressing abgebrochen (was aber nicht die Regel ist). Der Außenverteidiger wird jetzt nur von einem Spieler angegriffen und der nächst angespielte Gegenspieler wird gedoppelt.

Die Rückpassmöglichkeit bleibt logischerweise versperrt. Setzt der Außenverteidiger zu einem Dribbling nach hinten an, um sich aus der Gefahr zu befreien, so wird das Pressing von der ganzen Mannschaft eingehalten und der Außenverteidiger weiter gestresst. Beim Forechecking sollte dem Gegner eine Falle gestellt werden. Bestimmte Spieler

werden locker oder überhaupt nicht gedeckt. Das sieht dann nach einem sicheren Anspiel für den Gegner aus. Es wurde aber vorher abgeklärt, dass zum Zeitpunkt eines Anspiels auf diese Spieler ein Forechecking durchgeführt wird. Sofort wird der Torwart zugestellt und der ballführende Spieler attackiert. Alle weiteren Maßnahmen des Pressings werden eingeleitet. Der Gegner ist überrascht und wird unter Umständen zu einem schnellen Ballverlust genötigt.
Diese Art des Angriffspressing bietet sich besonders bei einer gegnerischen Mannschaft an, die in der Abwehr relativ unsichere Spieler hat. Diese Gegenspieler werden nach Absprache und Einläuten des Pressings nur locker oder gar nicht gedeckt. Beim Anspiel ist die Wahrscheinlichkeit einer Balleroberung wesentlich höher.

Pressing mit „weiten Bällen"

Es gibt allerdings noch weitere Varianten des Angriffspressings. Bei einer Variante spielt die Mannschaft bewusst weite Bälle aus der Abwehr heraus in den Rücken der gegnerischen Viererkette. Die gesamte Mannschaft setzt nach und eine Art Angriffsspiel wird eingeleitet. Der Gegner fällt sofort hinter den Ball und muss das Spiel umstellen.
Diese Angriffstaktik bietet sich bei relativ schwachen gegnerischen Abwehrspielern und bei einem hohen Anteil sprintstarker Mannschaftsteile an. Sie findet jedoch auch Anwendung bei Gegnern, die kein eigenes Aufbauspiel zulassen.
Nach dem langen Pass sprinten die Offensivkräfte nach vorn und attackieren die sich zurückziehenden und vermutlich

in Ballbesitz kommenden gegnerischen Verteidiger. Auch alle anderen Spieler rücken schnell auf und stellen mögliche Anspielstationen zu.
Bei einem weiten Pass des Gegners in die andere Hälfte steht dieser dann im Abseits. Der eigene Torwart rückt ebenfalls vor und kann lange Bälle zusätzlich abfangen.
Der weite Pass muss allerdings sehr genau in den Raum gespielt werden, damit der Torwart ihn nicht erlaufen kann.
Spielt ein Verteidiger den Ball zum Torwart, wird dieser sofort angegriffen.

Extremes Forechecking

Extremes Forechecking bedeutet ein Pressing schon ab dem Sechzehner des Gegners, d.h. auch wenn ein Gegenspieler in der Nähe des Strafraums zum Spielaufbau angespielt wird, erfolgt sofort das entsprechende Druckspiel.
Diese Spielweise ist sehr kräftezehrend und unter Umständen sehr riskant. Sie wird z.B. eingesetzt bei einem unbedingten Torerfolg kurz vor Ende der Spielzeit, bei einem Gegner, der so erschöpft ist, dass diese Taktik erfolgsversprechend ist. Auch kann sie bei einem Gegner, der mit mehr als einem Spieler in Unterzahl spielt oder bei einem sehr schwachen Gegner angewendet werden. Jeder Gegner kann durch diese Vorgehensweise vollkommen verunsichert werden.
Da die Pressingzone jedoch viel größer ist als beim normalen Pressing, können die Räume hier nicht so eng gemacht werden.

Spielsysteme im Fußball

Das Thema „Spielsysteme im Fußball“ wird hier nicht abgehandelt, da es zu komplex und umfangreich ist. Es wird aber ausführlich in unserem Buch „Spielsysteme im Fußball“ von Manfred Claßen und Wolfgang Schnepper behandelt.
Es gibt einen detaillierten Überblick über moderne taktische Formationen im Fußball. Die Autoren zeigen hier, wie ein Spielsystem aufgebaut wird und welche Grundverhaltensweisen die jeweiligen Spieler auf ihren Positionen erfüllen müssen. Und dies für fast jedes beliebige System. So wird erläutert, wie ein Team mit einer Dreierkette, Viererkette, Fünferkette, einer Sechserposition, Doppelsechs, drei Sechsern oder mehr agiert. Genauso werden auch die verschiedenen Formationen der Offensivkräfte dargestellt. Alle Ausführungen werden mit zahlreichen Übungen und Grafiken untermalt. Mit dieser Abhandlung kann der Leser jedes beliebige Spielsystem trainieren und sogar selbst Formationen entwickeln, die heute noch keine Anwendung finden. Moderne Spielsysteme wie das 4-2-3-1, 4-1-4-1, 4-4-2, 4-6-0, 4-2-3-1 etc. werden dabei ausführlich dargestellt. Wer nicht auf das taktische Mittel der Spielsysteme verzichten will, findet hier seinen Praxisratgeber. Es ist das ideale Buch für Anfänger und Fortgeschrittene im Trainerbereich.

Kabinenansprache

Kabinenansprache Jugend / Senioren

Die Mannschaftsansprache vor dem Spiel sollte bei Jugendlichen maximal 10 Minuten, bei Senioren maximal 15 Minuten betragen. Die Ansprache soll motivieren und sich in der Regel nur auf Dinge beziehen, die bereits im Training angesprochen worden sind. Im Jugendbereich soll die Ansprache zudem beruhigend wirken und den Jugendlichen verdeutlichen, dass sie nun die vermittelten Trainingsinhalte der letzten Woche in die Praxis umsetzen. Allgemeine Informationen über den Gegner, über die Wichtigkeit des Spiels, besondere Platzanlage usw. sollten schon beim letzten Training besprochen und vermittelt worden sein. Diese Sachverhalte lösen nur unnötige Nervosität aus. Der Trainer oder die Trainerin sollte den Spielern Mut machen und noch einmal ihre Aufgaben auf den einzelnen Positionen ansprechen wie z.B. zu den Stürmern: „Sucht den Zweikampf, die Innenverteidiger sind relativ unbeweglich“. Oder zu einem Außenverteidiger mit hoher Schnelligkeit:“Biete dich beim Abstoß an der Außenlinie an und habe auch mal den Mut, diese entlang zu dribbeln.“ Auch kann jeder Spieler an die wichtigsten Aufgaben seiner Spielposition erinnert werden. Danach wird die Gruppen- und Mannschaftstaktik noch einmal verdeutlicht, die aus der letzten Trainingswoche umgesetzt werden soll (z.B. Verschieben der Viererkette, Abseitsfalle bei Senioren oder Umschalten von Abwehr auf Angriff usw.).

Im Anschluss an diese Besprechung erfolgt die Aufwärmphase vor dem Wettspiel. Kurz vor dem Anpfiff sollte der Trainer oder die Trainerin die Spieler noch einmal sammeln und ein bis zwei Minuten motivierend zu den Spielern sprechen.

Halbzeitansprache

Die Halbzeitansprache ist relativ leicht zu halten. Sie dauert etwa 5 Minuten, da die Spieler erst einmal langsam in die Kabine gehen. Hier sollten sie noch einmal 2 bis 3 Minuten verschnaufen. Erst dann kommt die kurze Ansprache. Das Wichtigste ist, die Spieler optimal für die zweite Halbzeit zu motivieren. Der größte Fehler den ein Trainer/in hierbei machen kann, ist es einen Spieler persönlich zur „Schnecke“ zu machen. Im Extremfall verlässt ein sensibler Spieler die Mannschaft oder sogar den Verein. Negative Kritik immer sachlich an die ganze Mannschaft richten, Lob kann auch an Einzelspieler geübt werden.

Hier ein Beispiel für eine chronologische Abfolge einer Halbzeitanspracheansprache:

° Was lief hervorragend oder gut?

° Was lief weniger gut oder schlecht?

° Wie sieht der Trainer oder die Trainerin den Gegner?

° Gemeinsame Taktik für die zweite Halbzeit festlegen?

° Die Spieler motivieren?

Betreueraufgaben / Kindertraining

Betreueraufgaben im Kindertraining (Trainer/in)

° Nur, wenn die Erwachsenen den Kindern mit Offenheit, Herzlichkeit und Begeisterung begegnen, fühlen sich die Kinder wohl und sind gut aufgehoben.

° Die Kinder werden immer wieder gelobt und motiviert.

° Positive Werte und Charaktereigenschaften vorleben!

° Spaß und Freude vermitteln, Motivation wecken – eine Begeisterung für das Fußballspielen vorleben.

° Schwache Leistungen von Kindern werden nicht kritisiert.

° Allzu ehrgeizige Eltern werden vom Trainer oder der Trainerin freundlich aber bestimmend gedämpft.

° Negative Zurufe, von den Zuschauern und Eltern an die Kinder, den Schiedsrichter, die Betreuer oder den Trainer bzw. Trainerin, sind zu unterlassen. Hier müssen die Betreuer und Trainer freundlich eingreifen.

° Trainer, Betreuer und Eltern müssen Kindergeburtstage geschickt in den Trainingsbetrieb miteinbringen, denn ein Geburtstag ist für die Kleinen von höchster Wichtigkeit, und ein Tag, an dem sie besondere Aufmerksamkeit geschenkt haben wollen.

° Jedem Kind wird der gleiche Respekt zugesprochen.

° Gefährliche Übungen werden im Kindertraining nicht eingesetzt. Die Kleinen können eine Gefahr nicht richtig einschätzen.

Hiermit sind z.B. gemeint: Gefährliche Kletterübungen, Kopfball mit einem harten Ball, Tacklingübungen jeglicher Art; gefährliche Schaukeln, die nicht schaukelnde Kinder schwer verletzen können; Schaukeln, die extreme Höhen erreichen können; das Spielen von Hockey, wegen hoher

Verletzungsgefahr beim Schwingen mit dem Schläger usw.

° Eine kurze Besprechung vor einem Spiel ist vollkommen ausreichend.

° Jedes Kind darf lang genug spielen, hierbei wird nie auf Spielstand oder sogar Taktik geachtet.

° Bei einem Foulspiel den Kindern erklären, was nicht richtig war.

° Der Trainer oder die Trainerin begrüßen und verabschieden die Kinder immer innerhalb der ganzen Gruppe.

° Die Kinder werden immer angefeuert und bei Toren oder Auswechslungen sollte abgeklatscht werden.

° Der Spielführer wechselt von Spiel zu Spiel und jedes Kind kommt an die Reihe. In der Halbzeitpause den Kindern immer Getränke anbieten. Die Halbzeitansprache ist sehr kurz, und die Kinder werden dabei persönlich aufmunternd angesprochen.

° Genügend Zeit zum Einspielen sollte immer gegeben sein.

° Die Kinder werden immer für ihre Stärken gelobt, aber nicht auf ihre Schwächen angesprochen (das kommt später bei den Jugendlichen noch früh genug).

° Trainer und Betreuer wirken als Vorbilder für Kinder.

° Trainer im Kinderfußball sind kaum Technik- oder Taktikvermittler. Sie sind überwiegend Tröster, Streitschlichter, Spaßmacher, Erzieher und Freund.

° Sensibilität für Probleme von Kindern zeigen und Lösungsmöglichkeit finden.

Betreueraufgaben

Sanktionen im Kinderfußball

Im Kinderfußball gibt es grundsätzlich keine Sanktionen. Dies ist von höchster Bedeutung. Kinder dürfen im Training und Wettspiel nur positive Momente erleben. Werden die kleinen Fußballer öfter zu spät zum Training gebracht oder kommen selbstständig (ab F-Jugend durchaus möglich, wenn sie ganz in der Nähe des Sportplatzes wohnen und nur dann) zu spät, bitte freundlich mit den Eltern reden. Deswegen muss ein Trainer oder ein Trainerin immer alle Telefonnummern der Eltern oder Aufsichtspersonen parat haben.

Bambinis oder F-Jugendliche müssen grundsätzlich durch Eltern oder andere Aufsichtspersonen beim Trainer oder der Trainerin abgegeben und auch abgeholt werden. Ansonsten bitte sofort die Eltern kontaktieren und darauf ansprechen. Die Kleinen müssen ständig beaufsichtigt werden. Denken Sie allein an den gefährlichen Straßenverkehr oder noch Schlimmeres.

Sollte ein Kind nach dem Training nicht abgeholt werden, trägt der Trainer oder die Trainerin die volle Verantwortung, bis es wieder in der sicheren Obhut der Eltern oder anderer offizieller Aufsichtspersonen (wie Heimleitung bei Heimkindern) ist.

Betreueraufgaben

Richtlinien für Kindertrainer

Jeder Kindertrainer oder jede Kindertrainerin muss alle Kinder mögen, ansonsten macht ein Training keinen Sinn.
Spielfreude geht immer vor Spielergebnissen.
Individuelle Fortschritte werden immer gelobt.
Der Trainer oder die Trainerin sollte sich über die Lebenshintergründe aller Kinder diskret informieren.
Es werden Regeln für das Training mit den Kindern vereinbart, Normen und Werte vorgelebt.
Es besteht immer ein angstfreies Klima ohne jeglichen Leistungsdruck.
Alle Kinder bekommen die gleiche Zuwendung.

Wie schon erwähnt ermüden die Kleinen schnell, die Muskulatur ist noch schwach ausgebildet, die Leistungsvoraussetzungen sind sehr unterschiedlich und die Konzentrationsfähigkeit ist noch sehr gering. Wichtig ist, dass jede größere Überforderung der Kinder vermieden werden muss.Bei den ersten Anzeichen von Ermüdungen bei einem Kind, wird dieses geschickt im weiteren Trainingsverlauf geschont. Auch dürfen wir nicht vergessen, dass Kinder ein ganz anderes Zeitempfinden haben. Eine Stunde konzentrierte Bewegung und Spiel von den Bambini bedeutet ungefähr das Gleiche, als wenn wir drei Stunden trainieren und spielen würden.
Besondere Vorsicht ist bei hohen Außentemperaturen geboten. Ausreichend Getränke müssen bereit stehen und immer wieder Pausen im Schatten eingelegt werden.

Betreueraufgaben

Bei extremen Außentemperaturen werden Spiele locker im Schatten absolviert.

Merke: Der Trainer oder die Trainerin hat eine hohe Verantwortung gegenüber den Bambini oder den F-Junioren. Bei extremen Wetterlagen wie Hitze und hohe Ozonwerte oder Sturm mit Regen sollte genau überlegt werden, ob und wo das Training stattfindet.
Vor jedem Training sollte obligatorisch ein Gesprächskreis gebildet werden, wo z.B. Neuigkeiten oder andere Sachen besprochen werden.
Grundsatz: Im Bambinitraining werden oft Übungen mit einer kurzen Geschichte erläutert. Die Erfahrung hat gezeigt, dass der Spass an den Übungen dadurch noch größer wird und die Kinder die Übungen schneller verstehen!!!

Die D-Jugend

Die D-Jugend

In diesem Alter befinden sich die Kinder bereits in der Vorpubertät oder Pubertät und der Trainer oder die Trainerin brauchen jetzt viel Fingerspitzengefühl, Empathie, Verständnis und Geduld. Hatte man schon genügend Probleme mit den jüngeren Jahrgängen, geht es ab der D-Jugend erst richtig los. Die Leistungsunterschiede sind zudem in diesem Alter extrem hoch. Manche Kinder sind retardiert (körperlich noch nicht altersgerecht entwickelt) oder akzeleriert (körperlich ihrem Alter weit voraus). Diese Unterschiede legen sich in der Regel bis zur A-Jugend.

In der D-Jugend findet man nun häufig Kinder, die nur aufgrund ihrer körperlichen Überlegenheit wesentlich leistungsstärker sind. Retardierte Techniker bleiben hier auf der Strecke und können im Spiel nicht viel ausrichten, obwohl sie die besseren Fußballer sind. Genau dieser Sachverhalt ändert sich aber in den nächsten Jahren. Die retardierten und technisch versierten kleinen Fußballer holen körperlich auf und werden die Hauptstützen und Spielmacher der Mannschaft.

Aber nicht nur das körperliche Erscheinungsbild der Kinder zeigt große Veränderungen und Unterschiede, nein, auch das Verhalten und die Charaktere verändern sich teilweise extrem:

Die Pubertät kündigt sich an.

Die D-Jugend

Die Kinder / Jugendlichen werden manchmal etwas trotzig, sie wollen unabhängig und selbstständig sein. Ja, sie halten sich sogar schon für „erwachsen“. Der Trainer oder die Trainerin sind keine Vorbilder mehr und die Kinder wollen nicht mehr werden wie die eigenen Eltern. Die Kinder/Jugendlichen in der D-Jugend sind aber überwiegend immer noch Kinder, die ihre Gefühle gerne verbergen und nach außen hin „stark“ erscheinen wollen. Das Zusammensein mit Gleichaltrigen ist für sie das „Größte“, sie bauen sich in Gedanken eine eigene Welt auf und distanzieren sich von den Erwachsenen. In dieser Phase sind die Kinder/Jugendlichen nur schwer zu ertragen. Aber genau hier muss der Trainer oder die Trainerin ansetzen. Die jungen Fußballer sollten mit allen positiven Mitteln und Maßnahmen im Verein gehalten werden. Die Mannschaft, der Verein, der Trainer, das Training und die Wettspiele lenken die Kinder von ihren Problemen ab, gibt ihnen Rückhalt und hält sie oft von Rauchen, Alkohol trinken und Drogen ab.

In der heutigen Zeit gibt es viele Scheidungskinder, Kinder, die von ihren Eltern vernachlässigt werden oder Drogen- und Alkoholprobleme haben (sogar schon Zwölfjährige).

Viele Jugendliche rasten deswegen während des Trainings oder Wettspiels verbal oder auch manchmal körperlich aus. Der Trainer hat die Aufgabe, diese Spieler solange es irgendwie möglich ist, zu beruhigen und zu integrieren. Der Trainer oder die Trainerin darf hier Beleidigungen dieser Jugendlichen nicht persönlich nehmen (fällt manchmal sehr schwer, wie wir aus eigenen Erfahrungen kennen) und sollte immer wieder das persönliche Gespräch suchen. Die Mannschaft, der Trainer und der Verein sind oft familiärer

Ersatz für die jungen Fußballer. Sollten sie diese Anlaufstelle auch noch verlieren, können die Jugendlichen sehr „tief fallen“.
Der Trainer oder die Trainerin hat nun die Aufgabe, diesen „Problemkindern“ zu helfen und ihnen zu zeigen, wie wichtig sie für die Mannschaft sind.
Die Kinder / Jugendlichen brauchen nun häufig Erfolgserlebnisse und diese müssen im Training geschaffen werden. Hierin liegt die wichtigste Aufgabe für den Trainer oder die Trainerin.

Hierbei muss folgendes beachtet werden:

Exkurs: Psyche und Motivation
Die folgende Erläuterung bezieht sich größtenteils auf Kinder und Jugendliche ab der D-Jugend, gilt aber bis in den Seniorenbereich und ist auch für Seniorentrainer von höchster Bedeutung.

Bei Sportlern gibt es zwei unterschiedliche psychische Stereotypen und zwar den Athleten "Hoffnung auf Erfolg" und den Athleten "Angst vor Misserfolg".
Diese Erscheinungsformen können unterschiedlich stark ausgeprägt sein.
"Hoffnung auf Erfolg" kann so extrem vorhanden sein, dass der Fußballer viel zu eigensinnig und egozentrisch agiert.
"Angst vor Misserfolg" kann so stark ausgeprägt sein, dass der Fußballer keine Verantwortung und kein Risiko übernehmen will und den Ball so schnell wie möglich weiterspielt (nur Sicherheitspässe).

Die D-Jugend

Hier muss der Fußballtrainer unterschiedlich auf die Jugendlichen Fußballer eingehen. Der Athlet "Angst vor Misserfolg" braucht einen konsequenten Aufbau des Selbstvertrauens. Der Spieler wird im Training mit Aufgaben der Verantwortung beschäftigt. Hierfür gibt es unterschiedliche Aufgabenstellungen, z.B. darf dieser Spielertyp in einem Trainingsspiel als einziger weite Bälle schlagen, den Freistoß oder die Eckball treten, Einwurf ausführen oder einen Angriff abschließen.

Weiterhin können diese Jugendfußballer in Spielen gegen wesentlich schwächere Mannschaften mit Führungsaufgaben eingesetzt werden. Hier ist die Wahrscheinlichkeit eines Erfolgs wesentlich höher und das Selbstvertrauen wird gestärkt.

Der Spieler bekommt beispielsweise bestimmte Aufgaben wie, "gehe an der Außenlinie an deinem Gegenspieler vorbei, laufe bei einem Konter mit nach vorne bei einem Anspiel schließt du mit einem Torschuss ab, du schießt den Elfmeter, du spielst überwiegend lange Bälle usw."

Der Athlet „Hoffnung auf Erfolg“ muss bei zu egoistischem Spiel gebremst werden. Diese Situation kann allein schon durch ein Gespräch mit dem Trainer bereinigt werden.

Bei einem Scheitern wird der Jugendfußballer mit leichten Sanktionen belegt. Bei Trainingsspielen darf dieser Sportler immer nur maximal dreimal den Ball pro Anspiel berühren, er darf nicht auf das Tor schießen, keinen Einwurf oder Eckball ausführen oder keinen Gegenspieler austricksen.

In einem Wettspiel kann dieser Fußballer z.B. nur mit Defensivaufgaben belegt werden (diese Maßnahme sollte allerdings bei einem offensiven Spieler maximal 15 Minuten betragen, denn wird zu lange gegen die Spielernatur agiert, verliert der jugendliche Spieler das Interesse am Fußball).
Wie motiviert man Spieler zusätzlich?
Motivation ist zunächst eine geistige Energieform, die in die Praxis umgesetzt werden muss. Diese Umsetzung muss effektiv auf ein bestimmtes Ziel eingesetzt werden und die Aufrechterhaltung bleibt bis zur Erreichung des Ziels.
In der Regel sind die meisten Jugendlichen (Kinder sowieso) in Bezug auf ihre gewählte Sportart motiviert bis stark motiviert (Ausnahmen treten bei familiären Problemen, Alkohol- oder Drogensucht, Erreichen eines zu hohen Übergewichts usw.).
Der Trainer hat die Aufgabe, die Motivation zu erhöhen und in die richtige Richtung zu lenken. Der Motivationsfaktor wird durch die Auswahl der optimalen Trainings-und Übungsformen erreicht, d.h. langweiliges und monotones Aufwärmen oder immer das gleiche Schusstraining sind z.B. zu vermeiden).
Die Schwachpunkte der einzelnen Spieler sind zu analysieren und müssen individuell trainiert werden. Dies kann z.B. über ein Stationentraining (ab F-Jugend) erreicht werden. An den Stationen wird z.B. Einwurf auf Weite trainiert, Schusstraining, Eckballtraining, Kopfballtraining, Passtraining, Fintentraining, Ausdauertraining, Sprinttraining und vieles mehr.
Die Spieler werden in Gruppen mit relativ gleichen spielerischen Defiziten aufgeteilt und den entsprechenden

Übungsstationen zugeteilt. Nach einiger Zeit wird die Station gewechselt und dabei den Gruppen verstärkt die Übungen zugeteilt, in denen sie den größten Nachholbedarf haben.
Welche Regeln sollte ein Trainer/in bei D-Jugendlichen im Trainingsbetrieb beachten oder aufstellen?

1. Die Kinder/Jugendlichen sind hier nicht mehr in der Schule. Gib Ihnen soviel Freiraum wie möglich, Disziplin und Strenge nur wie nötig. Die Freiräume müssen aber mit deiner Aufsichtspflicht übereinstimmen. Auch nur ein kurzer Waldlauf z.B. ohne Aufsicht, ist nicht zu verantworten.

2. Halte Dich mit langen Erklärungen zurück. Vermeide die Schulung komplizierter Taktiken und lange Reden. Die Kinder wollen trainieren und spielen, von langem Zuhören und Geschwätz hatten sie schon genügend in der Schule.

3. Früher gelernte Verhaltensregeln, die auch noch in der D-Jugend unabdingbar sind, werden konsequent übernommen und vom Trainer/in durchgesetzt (wie z.B. pünktliches Erscheinen, geputzte Schuhe und saubere Trikots zum Wettspiel, wir fluchen nicht).
4. Kinder / Jugendliche, die hin und wieder „ausrasten“, werden nicht aufgegeben. Wir halten diese Fußballer so lange es eben geht im Team und im Verein.
5. Der Trainer oder die Trainerin darf Verhaltensweisen der Kinder nicht persönlich nehmen, solange es irgendwie möglich ist. Beleidigungen werden z.B. einfach überhört, abfällige Bemerkungen ignoriert (extreme Dinge werden allerdings angesprochen und geklärt).

6. Konflikte werden sofort geklärt, damit sich im Laufe der Zeit keine Aggressionen anstauen.

7. Der Trainer oder die Trainerin ist eine Autoritätsperson mit Vorbildfunktion. Du rauchst niemals am Sportplatz oder in der Öffentlichkeit (falls du ein Raucher bist), versuche möglichst nicht zu fluchen (Ausnahmen nimmt dir keiner übel), trinke keinen Alkohol vor den Kindern (zumindest nicht regelmäßig und schon gar keinen „Schnaps“).

8. Sei möglichst immer pünktlich, die Kinder sollen deine Zuverlässigkeit bemerken. Auch ist der Trainer nicht cool wie die Kinder. Wenn du versuchst wie die Kinder / Jugendlichen zu sein, finden sie das anfangs toll, mit der Zeit verlieren sie aber jeglichen Respekt.

9. Wenn du eigene Fehler machst, erkläre sie den jungen Fußballern und gestehe sie ihnen ein. Die Kids werden dich dann noch mehr respektieren. Hast du z.B. ein Kind ungerecht behandelt, dann entschuldige dich dafür. Hieraus lernen die Kids, früher oder später, sich zu entschuldigen, wenn sie selber jemanden nicht korrekt behandelt haben.

9. Der Trainer oder die Trainerin fordert immer eine faire Mannschaft und faire Spieler. Bei grobem Foulspiel wird der Spieler allerdings nicht angeschrien oder schwer getadelt. Die Angelegenheit wird in einem vernünftigen Gespräch geregelt und sich beim Gegenspieler entschuldigt. Die jungen Fußballer werden auch stets dahin geführt, dass sie vor Schiedsrichtern höchsten Respekt haben.

Die C-Jugend

Das Kapitel „D-Jugend“ gilt auch für die C-Junioren. Hier ist die Sache aber etwas komplexer und komplizierter, weshalb wir zusätzliche Informationen und Erklärungen geben müssen.
Bei Fußballspielern ab der C-Jugend besitzt der Trainer oder die Trainerin keine automatische Vorbildfunktion. Die Persönlichkeit der Führungsperson und ein motivierendes Training ist nun allein entscheidend.
Der Trainer/in muss in das gesamte Training einen hohen Spaßfaktor integrieren und trotzdem einen leistungsorientierten Fußball betreiben. Hierbei bleibt der Trainer oder die Trainerin nicht auf Distanz, die Spieler werden motiviert und für gute Leistungen gelobt.

Trainer und Betreuer einer C-Jugendmannschaft sollten stets ruhig, vernünftig und geduldig reagieren. Auch ein hohes Maß an Spaßverständnis sind unabdingbar, denn die stark pubertierenden Jugendlichen sind oft müde, gestresst, abgelenkt und unterliegen negativen Einflüssen von Nikotin, Alkohol, Drogen, Medien usw. Sie haben Schwierigkeiten in der Schule, mit den Eltern oder der Freundin.

Bei C-Junioren ist es von höchster Wichtigkeit, dass kein Spieler bevorzugt wird. Alle Spieler müssen gleich gelobt werden, weil in diesem Alter sonst sehr schnell Neid und Eifersucht entstehen.
Weiterhin sind die Jugendlichen in diesem Alter nur wenig kritikfähig und wollen keine Schwächen zeigen.

Ein Bloßstellen oder starkes Kritisieren eines einzelnen Spielers vor der gesamten Mannschaft darf niemals erfolgen.

In schwierigen Fällen und Entscheidungen in Bezug auf einen Spieler sucht der Trainer/in lieber das sachliche Einzelgespräch.
Der Führungsstil eines erfahrenen Trainers ist also eher besonnen und leicht autoritär. Die Spieler haben aber immer ein Mitsprache- und Meinungsrecht, die letztendliche Entscheidungsautorität liegt aber immer beim Trainer oder der Trainerin. Schließlich tragen diese auch die volle Verantwortung für die Jugendlichen.
Getroffene Vereinbarungen sind in der Regel von Spielern und Trainern gleichermaßen einzuhalten.

Aufbau der Trainingseinheiten

Die ersten Trainingseinheiten sollten ein Grundlagenausdauertraining beinhalten, das allerdings auf die ersten Wochen begrenzt bleibt, und dem Alter angepasst ist. D.h., das Training der allgemeinen Ausdauer bezieht sich auf eine relativ kurze Trainingsdauer.
Die Kinder und Jugendlichen sollen nicht den Spaß am Fußballtraining verlieren, sie sind keine Leichtathleten, sondern Fußballer, Techniker und Sprinter.

Die C-Jugend

Merke: Ein Grundlagenausdauertraining sollte niemals mit einem monotonen „Rundenlaufen“ absolviert werden. Sonst geht der Trainer oder die Trainerin das Risiko ein, dass spätestens ab der 3. Trainingseinheit nur noch die Hälfte der Spieler erscheint. Weiterhin wird nicht angekündigt, in welcher Trainingseinheit ein Ausdauertraining stattfindet, damit dieses nicht von einzelnen Spielern „boykottiert“ wird.
Führe so oft es geht ein Stationentraining durch. Hier kannst du mit unterschiedlichen Leistungsstärken der zusammengesetzten Gruppen arbeiten, ohne diskriminierend zu wirken. Gruppen, die mit einer Übung des Stationentrainings vollkommen überfordert sind, werden dort erst gar nicht eingesetzt.
Beim Stationentraining können individuelle Schwächen einzelner Spieler viel besser ausgemerzt werden und Stärken immer perfekter ausgebaut werden.
Die Dauer der Trainingsübungen, Aufwärmprogramme und Formen des Wettkampfspiels werden nicht festgelegt. Du richtest dich nach dem Spaßfaktor der Kinder. Bei großer Spielfreude lässt man die einzelnen Trainingsabschnitte etwas länger laufen und umgekehrt.
Bei einer Überforderung oder starken Unterforderung einer Trainingsübung wird diese sofort abgesetzt.

In der D-/C-Jugend ist ein monotones oder gleichbleibendes Aufwärmprogramm auf jeden Fall zu vermeiden. Die Kinder / Jugendlichen werden fast jedes Training mit einem anderen Programm überrascht, alleine das gibt schon einen Anreiz für das folgende Training.
Das Aufwärmen erfolgt sehr oft mit Ball, aber auch schon in

in der D-/C-Jugend werden verschiedene Laufprogramme ohne Ball in diesen Teil mit eingebaut.
Auch ein gelegentlich freies Aufwärmprogramm wird gestattet. Kinder / Jugendliche brauchen im Training und Wettspiel immer noch etwas Freiraum. Leider wird ihnen in vielen Vereinen (besonders höherklassigen) diese Freiheit nicht mehr gewährt. Die Verantwortlichen vergessen aber, dass sie es immer noch mit Kindern zu tun haben. So darf man sich nicht wundern, wenn dann viele Jugendliche sich ab der C-Jugend vom Fußballverein abwenden.

Merke: Ein Aufwärmprogramm wird fast immer mit einem effektiven Training in Bezug auf Taktik, Technik, Koordination und Ausdauer verbunden. Es soll also nicht nur das Verletzungsrisiko verringern oder immer nur Reize für die Kondition setzen. Fußballer sind keine Langstreckenläufer, die sich vor jedem Training 10 – 20 Minuten einlaufen müssen oder Sprinter, die vor jedem Training erst einmal ein 20 minütiges Sprinter ABC absolvieren sollen.
Auch noch in der D-/C-Jugend kann der Trainer oder die Trainerin ein freies Aufwärmprogramm erlauben. Bei relativ hohen Außentemperaturen besteht in diesem Alter fast keine Verletzungsgefahr, auch wenn die Kinder / Jugendlichen sich mit einer viel zu hohen Intensität aufwärmen.
Bei niedrigen Temperaturen (unter 10 Grad Celsius) sollte auf ein freies Aufwärmprogramm verzichtet werden. Schnappt sich hier einer den Ball, läuft „volle Pulle" auf das Tor zu und schließt mit höchster Schusskraft ab, kann bereits in diesem Alter ein Muskelfaserriss die Folge sein. Bei niedrigen Temperaturen sollte der Trainer/in sogar ein kurzes lockeres

Einlaufen anordnen. Jeder Spieler muss eine Runde um den Fußballplatz laufen (3 – 4 Minuten), bevor das weitere Aufwärmprogramm startet.
Jetzt wird die Verletzungsanfälligkeit in dieser Altersklasse fast auf „Null“ herabgesetzt.
Die Ansage des Trainers oder der Trainerin lautet also z.B.: Kurzes Einlaufen, danach erkläre ich das weitere Aufwärmprogramm mit Ball.

Was heißt nun Aufwärmen durch Austobphase?

Wie schon erwähnt, kann der Trainer oder die Trainerin bei relativ hohen Außentemperaturen durchaus ein freies Aufwärmprogramm (zumindest ein Teil davon) in der D-Jugend erlauben.
In den ersten Minuten eines Trainings dürfen die Kinder / Jugendlichen sich frei bewegen, ob mit Ball oder ohne (die Wahrscheinlichkeit, dass sich ein kleiner Fußballer keinen Ball schnappt, ist allerdings gering). Sie dürfen laufen, werfen, schießen, usw. Sie können in Gruppen spielen oder sich allein beschäftigen. Hierbei bauen sie überschüssige Energie ab und die Konzentrationsfähigkeit für das weitere Training nimmt zu. Die „Austobphase“ beträgt etwa 5 – 10 Minuten.

Merke: Aufgrund der Wichtigkeit der folgenden Aussage, wird diese hier noch einmal wiederholt. Lege keinen genauen Zeitplan für Trainingsübungen fest. Bei einem hohen Spaßfaktor für die jungen Fußballer wird die Übungszeit verlängert, bei geringer Spielfreude dementsprechend verkürzt.

Die C-Jugend

Die Übungen im Hauptteil bestehen natürlich nur aus Übungen mit „Ball“ und sind möglichst nah an echte Wettkampf-Situationen oder Wettspiele angepasst.
Beispiel: Bei einem Torschusstraining lasse ich die Spieler nicht einfach alleine auf das Tor laufen und dann vor der Strafraumgrenze schießen. Ich schaffe Wettkampf-Situationen mit Mit- und Gegenspielern usw.
Im Hauptteil werden überwiegend Übungen mit 4 gegen 4 bis zu 7 gegen 7 geschaffen. Gleiches gilt auch für Abschlussspiele.

An dieser Stelle können wir Ihnen zwei unserer Bücher besonders empfehlen:

D-Jugend / C-Jugend Training 30 komplette Trainingseinheiten von Wolfgang Schnepper / Manfred Claßen

Abschlussspiele im Fußball von Wolfgang Schnepper
(Beide Bücher sind mit vielen Grafiken und Übungen versehen)

Die C-Jugend

Übungen, die im Training nicht eingesetzt werden sollten

Wir stellen hier kurz eine Liste von einigen Übungen auf, die im Training nicht verwendet werden sollten.

° Dehnungsübungen im Kopfbereich, vor allen Dingen kein Kopfkreisen. Starke Verschleißerscheinungen im Halswirbelsäulenbereich sind mittel- bis langfristig möglich.

° „Vermeiden Sie die Übung „Entengang“, also dieses extrem tiefe und gebeugte Gehen. Jeder kann sich hier die enorme Belastung auf das Kniegelenk vorstellen.

° Nach der Vorbereitungsperiode werden Übungen ohne Ball sehr selten eingebaut.

° Lange Sprints mit maximaler Belastung sind für Fußballer in der Regel kontraproduktiv. „Reines Gift wären Läufe über 300 bis 500 Meter mit maximaler Belastung. Die Übersäuerung der Muskulatur erreicht hier ihren Maximalwert. Die vollständige Erholungsphase hiervon kann mehrere Tage dauern. Selbst 400 Meter Läufer aus der Leichtathletik führen diese Belastung im Training selten aus.
Weiterhin ist ein weiteres Fußballtraining nach einer solchen Belastung sinnlos. Technik und Schnelligkeit können nicht mehr optimal einstudiert werden.

° Im Kinder- und Jugendbereich verzichten wir komplett auf Gewichtswesten oder Krafttraining mit Hanteln oder Geräten.

° Auch wird auf eine Schulung der Abseitsfalle verzichtet.

° Das Training der Grundlagenschnelligkeit sollte mit einer fußballspezifischen Übung kombiniert sein.

Hierzu eine perfekte Übung:
Sie dient zur Förderung der Grundschnelligkeit und Konterqualität. Sie wird mit 2 – 3 Durchgängen trainiert und bringt in Bezug auf Grundschnelligkeit nur einen Trainingseffekt bei vollkommen ausgeruhtem physischen Zustand.
Bei Ermüdung, Erschöpfung oder Übersäuerung des Körpers ist diese spezielle Übung für ein Schnelligkeitstraining sinnlos.
Weiterhin muss eine Pausenlänge von mindestens zwei Minuten eingehalten werden. Alleine schon wegen dieser Pausenlänge werden nur 2 – 3 Durchgänge absolviert, um unnötige Langeweile zu vermeiden.
Außerdem fördert die Übung die Fähigkeit, den Ball im vollen Lauf mitzunehmen und mit einem schnellen Torschuss abzuschließen (Konterfähigkeit). Zur Schulung nur dieser Fähigkeit, kann die Übung auch unter einer leichten Trainingsermüdung erfolgen.

Übungsablauf: Die Kinder stehen etwa 45 – 50 Meter zentral vor dem Tor mit Torwart hintereinander in einer Reihe. Der Erste läuft an und beschleunigt submaximal (keine volle Beschleunigung), so dass er erst nach 20 Metern die höchste Laufgeschwindigkeit erreicht (bei voller Beschleunigung erreicht diese Altersgruppe die Höchstgeschwindigkeit schon nach 10 Metern). Die 20 Meter sin mit einem Pylonenpaar (parallel mit zwei Meter Abstand) markiert. Hier erreicht der Läufer seine Höchstgeschwindigkeit und hält diese über 10 Meter, dann durchläuft er ein zweites Hütchenpaar (gleich aufgestellt, etwa 10 Meter vom ersten Hütchenpaar entfernt), reduziert die Geschwindigkeit etwas und bekommt vom Trainer den Ball in den Lauf gespielt. Der kleine Fußballer soll nun den Ball mit dieser hohen Laufgeschwindigkeit verarbeiten, annehmen, kontrolliert vorlegen und mit einem wuchtigen Torschuss aus 12 – 16 Meter abschließen (je nach Schussstärke). Die Distanzen beziehen sich hier auf D-Jugendliche. Ab der C-Jugend wird die Phase der maximalen Geschwindigkeit auf 20 Meter erhöht, die Anlaufphase bis zum Erreichen der Höchstgeschwindigkeit wird auf 30 Metern erhöht.

Ab der Landesliga beträgt die Phase der maximalen Geschwindigkeit 30 Meter, die Anlaufphase 40 Meter. Die jeweilige Torschussentfernung wird natürlich auch erhöht.

Nach diesem Torschuss startet der nächste Läufer, der Schütze befördert den geschossenen Ball wieder zum Trainer und stellt sich hinten in der Schlange wieder an.

Ist der Startläufer wieder an der Reihe, unterbricht der Trainer kurz und erklärt, welche Fehler gemacht wurden oder was noch besser gemacht werden kann (hier wird dann auch eine minimale Pausenlänge von zwei Minuten garantiert). Diese Übung kann auch sehr gut in ein Stationentraining integriert werden. Empfehlung an dieser Stelle: Im Jugendbereich sollte mindestens ein Co-Trainer beim Stationentraining mit anleiten, korrigieren und beaufsichtigen. Bei mehr als vier Stationen gleichzeitig kommen wir schon auf zwei Co-Trainer.

Die C-Jugend

Beispiele für (Anti-) Trainingseinheiten, die **niemals** eingesetzt werden sollten:

° Anfangsteil: 400 Meter auf Zeit mit Maximalbelastung. Eine weitere negative Steigerung wäre hier noch ohne Aufwärmen und bei niedrigen Außentemperaturen.

° Hauptteil: Training der Grundschnelligkeit und anschließend ein anspruchsvolles Techniktraining
Hierbei werden nun keine Trainingseffekte eintreten.

° Schlussteil: Abschlussspiel mit weniger als elf Spielern pro Mannschaft über das ganze Spielfeld (104 Meter x 68 Meter). Nach der Übersäuerung durch den 400 Meter Lauf erfolgt hier noch einmal eine starke Übersäuerung der Muskulatur. Es kommt jetzt sogar zu negativen Trainingseffekten. Kurz- bis mittelfristig werden die Spieler bei solchen oder ähnlichen Trainingseinheiten in ein Übertraining hineingeführt. Verletzungen werden häufiger Auftreten. Bei Jugendlichen kann es dann sogar zu einer permanenten Nervosität und Gereiztheit kommen, schulische Leistungen fallen ab. Sogar ein Bluthochdruck kann bei Jugendlichen die Folge sein
(juvenile Hypertonie).

Weitere **negative** Trainingseinheit:

° Der Trainer oder die Trainerin gibt folgende Anweisung: Wärmt euch schon mal irgendwie auf, ich komme in zehn Minuten. Auch bei einem „freien Aufwärmen“ sollte eine Aufsicht vorhanden sein.

° Hauptteil / Schlussteil: Der Trainer/in sagt: Heute wird nur ein Fußballspiel absolviert (z.B. 6 gegen 6, 7 gegen 7 oder 8 gegen 8 auf einer Platzhälfte). Hierbei achtet der Trainer oder die Trainerin noch nicht einmal auf den Spielverlauf, sondern hält eine „Plauderstunde“ mit dem Co-Trainer/in.

Ich glaube, hier müssen wir keinen weiteren Kommentar hinzufügen.

Eine letzte **schlimme** Trainingseinheit (erste Einheit nach der Sommerpause):

° Anfangsteil: 30 Minuten Ausdauerlauf auf der Aschen- oder Tartanbahn mit maximaler Belastung

° Hauptteil: Krafttraining wie Liegestütz, Klimmzüge, Sit-ups usw., gefolgt von Maximalsprints über 50 bis 100 Meter. Anmerkung des Autors: Manche mögen jetzt vielleicht schmunzeln, aber solche Einheiten wurden schon trainiert.

° Schlussteil: Abschlussspiel

Anmerkung: Die beschriebene Trainingseinheit ist nicht nur eine vollkommene physische Überforderung, sondern führt auch zu einem extremen Muskelkater.

An dieser Stelle sei aber vorher noch erwähnt, dass ein Schnelligkeits- und Techniktraining immer vor dem Training der fußballspezifischen Ausdauer (Kleinfeldspiele, Abschlussspiele usw.), Ausdauertraining allgemein, Krafttraining und Schnelligkeitsausdauer erfolgen sollte.
Bei einer starken Übersäuerung der Muskulatur ist ein Techniktraining nicht mehr optimal effektiv, ein Schnelligkeitstraining absolut sinnlos. Ist also ein Schnelligkeits- und Techniktraining Bestandteil der Trainingseinheit, sollte die chronologische Reihenfolge im Training lauten:

Einleitungsteil
Training der Schnelligkeit (wie Grundschnelligkeit / Sprungkraft usw.)
Training der fußballspezifischen Technik
Hauptteil des Trainings
Abschlussspiel

Die C-Jugend

Sanktionen in der D- und C-Jugend

In der D- und C-Jugend sollte es so wenig wie möglich an Sanktionen geben. Geldstrafen sind sowieso ohne Einverständnis der Eltern nicht erlaubt. Bitte denken Sie daran, damit Sie jeglichen Ärger mit den Eltern vermeiden. Auch darf nicht vergessen werden, dass viele Kinder aus finanziell schwachen Elternhäuser kommen, wenig Taschengeld besitzen und ihnen jeder ausgegebene Euro sehr „weh“ tut.
Spieler, die z.B. zu spät zum Training oder Wettspiel kommen, werden mit sportlichen Sanktionen belegt. Sie sitzen beispielsweise in der ersten Halbzeit auf der Bank.
Wiederholung an dieser Stelle aufgrund seiner Wichtigkeit:
In der heutigen Zeit gibt es viele Scheidungskinder, Kinder, die von ihren Eltern vernachlässigt werden oder Drogen- und Alkoholprobleme haben. Viele Jugendliche rasten deswegen während des Trainings oder Wettspiels verbal oder auch manchmal körperlich aus.
Der Trainer/in hat die Aufgabe diese Spieler so lange es irgendwie möglich ist, zu beruhigen und zu integrieren.
Der Trainer oder die Trainerin darf hier Beleidigungen dieser Jugendlichen (manchmal auch schon von Kindern) nicht persönlich nehmen und sollte immer wieder das persönliche Gespräch suchen. Die Mannschaft, der Trainer und der Verein sind oft familiärer Ersatz für die jungen Fußballer.
Sollten sie diese Anlaufstelle auch noch verlieren, können die Jugendlichen oder manchmal auch schon Kinder sehr „tief fallen“. Der Trainer hat die Aufgabe diesen „Problemkindern“ zu zeigen, wie wichtig sie für die Mannschaft sind.

B-Jugend / A-Jugend / Senioren

Viele Dinge, die wir bereits in den vorigen Kapiteln aufgeführt haben, gelten auch für die B-Jugend bis in den Seniorenbereich wie Trainingsprinzipien usw.
Fußballer mit der Psyche „Hoffnung auf Erfolg“, Fußballer mit der Psyche „Angst vor Misserfolg“,
Trainingsprinzipien; Übungen, die nicht im Training eingesetzt werden sollten, Verhaltensweisen Trainer gegenüber den Spielern usw.
Es gibt aber im älteren Jugendbereich und den Senioren noch zusätzliche Aspekte, die beachtet werden müssen.
Fangen wir mit dem umstrittenen Thema „Sanktionen“ an. Vorab möchten wir hier betonen, dass wir grundsätzlich gegen Geldstrafen von der B-Jugend bis in den unteren Amateurbereich (Bezirksliga) sind, da hier auch die Spieler in der Regel kein Verdienst oder eine Aufwandsentschädigung bekommen. Das ist natürlich nur meine persönliche Meinung. Aber machen Sie sich nach den Ausführungen selbst ein „Bild“ davon.

Sanktionen

Häufig werden in den genannten Altersgruppen und Amateurbereichen Strafenkataloge eingeführt. Diese möglichen Sanktionen dienen der Durchsetzung vorher festgelegter Mannschaftsregeln und sollen zu mehr Disziplin führen.
Ein der Mannschaft oder dem Verein schädigendes Verhalten wird oft mit der Zahlung kleinerer Beträge in die Mannschaftskasse bestraft. Ein positiver Aspekt in Bezug auf die Disziplin ist oft erkennbar.
Sanktionen sollten aber auch anders aussehen wie Trikotwäsche, ein paar Liegestütze bei sehr kleinen Vergehen oder Spende von einem Kasten Bier (bitte aber nicht im Jugendbereich).

Nachteile von finanziellen Sanktionen

Viele Spieler werden sich fragen, ich bezahle schon Beitrag und jetzt soll ich auch noch für kleinere Vergehen Geld in die Mannschaftskasse einzahlen. Hallo, Amateurfußball ist nur meine Freizeitbeschäftigung, ich investiere Zeit und Geld in Form von Beitrag und soll jetzt noch zusätzlich zahlen.
Hinzu kommt, dass der „Schatzmeister" ständig dem Geld der Sanktionen hinterherlaufen muss und oft das entsprechende Geld erst sehr spät oder gar nicht bekommt. Eine schlechte Stimmung in der Mannschaft kann die Folge sein.
Es hat auch schon „Schatzmeister" gegeben, die die Bilanzen gefälscht haben, um sich zu bereichern.

Also es besteht auch eine Verführung zur Unterschlagung, besonders wenn die Mannschaftskasse einen relativ hohen Betrag aufweist.
Die Mannschaftskasse kann auch durch Spenden von „außen“ und einem sehr kleinen monatlichen Betrag der Spieler erfolgen.
In fast jeder Mannschaft gibt es Spieler, die sich nicht immer an Vereinbarungen halten. Sie fehlen unentschuldigt beim Training, führen Trainingsübungen nur halbherzig durch oder erscheinen übermüdet und halbtrunken zum Wettspiel. Diese Spieler mögen die kleinen Geldsanktionen und deren Geldeintreiber natürlich überhaupt nicht. Die Stimmung in der Mannschaft kann kippen.
In einem persönlichen Gespräch zwischen Coach und Spieler kann die Angelegenheit oft besser geklärt werden.
Wir dürfen auch nicht vergessen, dass es sehr wohlhabende Spieler gibt, denen Geldsanktionen vollkommen egal sind. Hier wird keine Disziplin gefördert. Sportliche Strafen würden hier einen besseren Zweck erfüllen.

Vorteile von finanziellen Sanktionen

Mit dem Strafenkatalog sind die Strafen vollkommen vereinheitlicht. Der Trainer oder die Trainerin muss durch die festgelegten Strafen nicht mehr in jedes kleine „Vergehen“ eingreifen.
Alle Spieler müssen sich an die gleichen Regularien halten und ein Antipathie gegenüber kann sich dadurch nicht entwickeln.
Die kleinen Geldsanktionen können Spieler durchaus zu mehr

Disziplin bewegen und vermittelt ihnen mit der Zeit Basisregeln für ein harmonisches Mannschaftsgefüge.
Weiterhin wird die Mannschaftskasse neben freiwilligen Beiträgen und Spenden schneller aufgefüllt. Es bringt mehr Geld für gemeinsames Feiern oder Reisen ein.

Vermeidung von Geldsanktionen?

Jede Fußballmannschaft braucht Disziplin, auch in der Kreisliga D, sonst bleibt jeglicher Erfolg und auch der Spaß an der Sache aus. Oft arbeiten Trainer/in mit einem perfekten Strafkatalog, jedes Vergehen wird geahndet, in den oberen Amateurklassen und im Profibereich über Geldsanktionen wohl ein probates Mittel. In den unteren und mittleren Amateurklassen ist das aber ein Mittel, das nach unserer Meinung eher nicht geeignet ist. Die Spieler bekommen wenig oder gar kein Geld für ihre Leistung. Trotzdem kann ein Strafenkatalog aufgestellt werden. Es folgt ein Beispiel dafür.

Unnötige Rote Karte wegen Tätlichkeit oder eine unnötige Karte wegen Meckerns:
Der betreffende Spieler putzt nach dem nächsten Training die Schuhe aller Spieler.

Ein Spieler kommt häufiger zu spät oder gar nicht zum Training:
Der betreffende Spieler wird erst zur zweiten Halbzeit eingewechselt.

B-Jugend / A-Jugend / Senioren

Ein Spieler kommt unentschuldigt zu spät zum Wettspiel:
Auch hier darf er erst einmal auf der Bank Platz nehmen.

Das Handy eines Spielers klingelt in der Kabine während der Halbzeitansprache:
Der betreffende Spieler macht beim nächsten Training ein Konditionstraining anstatt eines Abschlussspiels.

Sanktionen, die einen Spieler lächerlich machen, sollten unterlassen werden, wie vor der gesamten Mannschaft ein Lied singen oder ein T-Shirt tragen (während des Trainings) mit der Aufschrift „ich schäme mich“ usw.

Literaturverzeichnis

Literaturverzeichnis

Claßen, M. / Schnepper, W.:
Taktiktraining im Jugendfußball, BOD, 2011

Claßen, M. / Schnepper, W.:
Taktiktraining im Jugendfußball 2, BOD, 2012

Claßen, M. / Schnepper, W.:
Pressing mit System, BOD, 2012

Schnepper, W / Claßen, M:
Bambini / F-Jugendtraining: 20 Trainingseinheiten, BOD, 2013

Schnepper, W / Claßen, M:
F-Jugend / E-Jugendtraining: 20 komplette Trainingseinheiten, BOD, 2013

Schnepper, W / Claßen, M:
E-Jugend / D-Jugendtraining: effektive Übungen, BOD, 2014

Schnepper, W:
Könige des Fußballs, BOD, 2017

Schnepper, W:
Fußballtrainer - Psychologie und Basiswissen, BOD, 2019

Notizen